요즘 개발자

요즘 개발자

MZ 선배가 전하는 학습 · 커리어 브랜딩 · 취업과 이직 · 협업 · 네트워킹 기술

초판 1쇄 발행 2023년 12월 22일

지은이 임동준, 고예슬 / **펴낸이** 전태호
펴낸곳 한빛미디어(주) / **주소** 서울시 서대문구 연희로2길 62 한빛미디어(주) IT출판2부
전화 02-325-5544 / **팩스** 02-336-7124
등록 1999년 6월 24일 제25100-2017-000058호 / **ISBN** 979-11-6921-186-4 93000

총괄 송경석 / **책임편집** 홍성신 / **기획** 홍현정 / **편집** 김수민 / **교정** 김희성
디자인 박정우 / **전산편집** 다인
영업 김형진, 장경환, 조유미 / **마케팅** 박상용, 한종진, 이행은, 김선아, 고광일, 성화정, 김한솔 / **제작** 박성우, 김정우

이 책에 대한 의견이나 오탈자 및 잘못된 내용에 대한 수정 정보는 한빛미디어(주)의 홈페이지나 다음 이메일로
알려주십시오. 잘못된 책은 구입하신 서점에서 교환해드립니다. 책값은 뒤표지에 표시되어 있습니다.
한빛미디어 홈페이지 www.hanbit.co.kr / **이메일** ask@hanbit.co.kr

지금 하지 않으면 할 수 없는 일이 있습니다.
책으로 펴내고 싶은 아이디어나 원고를 메일(**writer@hanbit.co.kr**)로 보내주세요.
한빛미디어(주)는 여러분의 소중한 경험과 지식을 기다리고 있습니다.

요즘
개발자

임동준, 고예슬 지음

MZ 선배가 전하는
학습·커리어 브랜딩·취업과 이직·협업·네트워킹 기술

B 한빛미디어
Hanbit Media, Inc.

성장에는 항상 방향성이 있습니다. 그리고 그 방향성에 따라 목표를 향해 노력하는 과정이 단거리 전력 질주가 될 수도 있고 끝이 보이지 않는 마라톤이 될 수도 있습니다. 또한 성장의 중심에는 '나다움'이 있어야 합니다. 자신을 관찰하고 자신에게 질문해야 합니다. 목표에 도달하는 길이 보이지 않고 막연하게 느껴진다면 이 책을 통해 나만의 길을 찾길 바랍니다. 이 책은 끝없는 성장의 길에서 명확한 지름길을 찾을 수 있는 나침반이 되어줄 것입니다.

_권용수, 백엔드 직무 취업 준비생

AI 시대의 개발자는 개발 실력만 뛰어나다고 해서 좋은 서비스를 만들 수는 없다고 생각합니다. 복잡한 문제를 해결하기 위해서는 다양한 분야의 동료들과 심도 있게 커뮤니케이션하고 문제를 재정의해서 해결 방법을 검증하는 과정이 필요한데, 이 책에서 그 방법들을 자세히 안내합니다. 또한 개발자가 가져야 할 자세와 마음가짐을 안내합니다. 특히 주니어 개발자라면 이 책에서 많은 깨달음을 얻을 수 있을 것입니다.

_길재원, 백엔드 개발자

나다움을 지키며 즐겁게 개발하고 싶은 예비 개발자와 주니어 개발자에게 이 책을 추천합니다. 혼자서 막막한 길을 걷다가 나만의 멘토를 만나 함께하는 듯한 든든함을 느꼈습니다. 내가 지금 잘하고 있는 건지 고민된다면 이 책에 담겨 있는 선배 개발자의 경험을 읽어보세요. 개발자라면 한 번쯤 고민해봤을 주제들과 함께 나를 탐색하다 보면 어느새 나만의 길을 발견하게 될 것입니다.

_김다미, 프런트엔드 개발자

처음 코드 리뷰를 하면 내 코드가 부끄러워 피드백을 요청하기가 쉽지 않습니다. 이 책은 이런 어려움을 겪는 개발자를 위해 주변 지인이나 팀원에게 효과적으로 피드백을 요청하는 방법을 친절하게 안내합니다. 또한 취업 준비 과정이나 입사 후에 마주하는 다양한 고민을 현명하게 해결할 수 있도록 방향성을 제시해줍니다. 성장을 꿈꾸는 개발자에게 이 책을 추천합니다.

_김소라, 백엔드 개발자

취업을 준비하는 예비 개발자, 취업 이후 커리어를 고민하는 현직 개발자를 위한 책입니다. 마치 멘토 같은 저자들의 경험이 가득 담겨 있습니다. 앞으로 어떻게 성장해야 할지, 내가 지금 잘하고 있는지 걱정된다면 이 책을 읽기 바랍니다.

_신진욱, 네이버 백엔드 개발자

이 책은 개인의 학습뿐만 아니라 커리어 관리, 네트워크 형성, 올바른 피드백 요청 방법 등 성숙한 개발자가 되기 위해 필요한 정보를 현직자의 경험에 비추어 설명합니다. 개발 입문자와 IT 초년생에게 이정표가 되어줄 책입니다.

_양민혁, AI 개발자

성장 욕구가 있는 모든 개발자가 읽어야 할 책입니다. 이 책을 통해 똑똑하게 방향을 잡고 전략을 세우며 최소한의 시행착오로 성장하는 방법을 배웠습니다. 빠르게 변하고 불확실성이 높은 세상에서 앞으로 나아가는 것이 두려워 피하고만 있었다면 이 책을 통해 성장의 기쁨을 만끽하기 바랍니다.

_유소정, 컴퓨터공학부 학생

개발자가 되기 전과 후 모두 개발 지식을 공부하는 데에만 시간을 투자했습니다. 그러던 중 더 행복하게 일하기 위해서는 나 자신부터 잘 알아야 한다는 생각이 들었고, 이 책의 미션을 실천하고 스스로에 대해 알게 되면서 지금보다 더 행복하게 일할 수 있을 것이라는 자신감이 생겼습니다. 스스로와 대화를 나누고 싶은 모든 개발자에게 이 책을 추천합니다.

_유승완, 프런트엔드 개발자

개발자는 종종 성장이라는 주제 앞에서 방향을 잃습니다. 어디로 나아가야 할지, 어떤 길을 선택해야 할지 명확하지 않을 때가 많습니다. 이 책은 단순히 기술적 성장에 국한하지 않고 한 개인으로서 자아를 발견하고 성찰하는 것을 돕습니다. 또 본인의 성장뿐만 아니라 여러 사람의 성장을 도우면서 터득한 저자의 고민과 노하우가 담겨 있습니다. 이 책은 성장을 열망하는 모든 이에게 든든한 멘토가 되어줄 것입니다.

_이상우, 백엔드 개발자

개발자로 살아가는 데 꼭 필요한 멘토를 얻은 느낌입니다. 엔지니어 3년 차로 현업에서 일하고 있지만 이 책을 통해 스스로 회고하며 가장 나다운 강점은 무엇인지, 내가 어떤 길로 걸어왔고 앞으로 어떤 방향으로 가고자 하는지 등을 비로소 정리할 수 있었습니다. 이 책은 내가 진정 원하는 것이 무엇인지 찾게 해주고, 그것을 이루기 위해 어떻게 방향을 설정해야 하는지 그리고 꾸준히 나아가려면 어떻게 해야 하는지 길을 제시해줍니다.

_이장훈, 데브옵스 엔지니어

만 3년 차 개발자입니다. 매너리즘도 경험했고 많이 방황했습니다. 이 책을 통해 내가 생각하는 개발자의 모습을 알게 됐고 그 모습에 가까워지려면 어떤 방향으로 성장해야 하는지 깨달았습니다. 성장하고 싶지만 잠시 방황하고 있는 모든 개발자에게 이 책을 추천합니다.

_이현재, 보안 서비스 개발자

좋은 개발자가 되는 데 중요한 것은 나다움입니다. 이 책을 통해 나다움 목표를 설정하고 이를 달성하기 위한 방법을 찾을 수 있습니다. 또 내가 꿈꾸는 개발자는 무엇인지, 내가 진짜 원하는 것은 무엇인지 구체적으로 정의하여 목표에 한 발짝 더 가까워질 수 있습니다.

_임홍광, 비전공 학습 1년 차

이 책은 성장뿐만 아니라 개인의 삶에 실질적인 가치를 더해줍니다. 어디에서도 쉽게 들을 수 없는 값진 경험이 담겨 있어 '이 책이 십여 년만 일찍 나왔더라면' 하는 생각이 들 정도였습니다. 주니어 개발자뿐만 아니라 소프트 스킬을 키우고 싶은 경력 개발자에게도 많은 도움이 될 것입니다. 쏟아지는 코드에 지쳤을 때 이 책을 읽으며 잠시 쉬어가는 시간을 갖는다면 더 멀리 도약할 수 있을 것입니다.

_최규민, 데이터 엔지니어 9년 차

근래 인공지능과 같은 IT 분야 신기술에 대한 사회의 관심이 매우 높습니다. 코로나 팬데믹 이후로 글로벌 기업들의 정리 해고 뉴스와 함께 개발자 채용 시장이 줄었다는 소식도 들려왔지만, 메타버스나 챗GPT 같은 서비스가 경제 사회면에서 최신 트렌드를 이끌고 있는 만큼 IT 기술의 잠재력은 무궁무진합니다. 이 때문에 좋은 개발자를 채용하는 것은 기업의 중요한 과제이며 채용 규모가 줄었을 뿐 회사는 여전히 좋은 개발자 구하기에 목말라 있습니다.

누구나 '좋은' 개발자가 되고 싶어 하지만 어떤 개발자가 좋은 개발자인지, 어떻게 하면 좋은 개발자로 성장할 수 있는지 생각하면 막막하기만 합니다. 특히 컴퓨터공학을 전공하지 않았거나 사회 초년생인데 주변에 조언을 구할 만한 멘토가 없을 때 도대체 어디서부터 어떻게 접근해야 할지 감히 잡히지 않죠. 좋은 개발자가 되려면 먼저 '나다운' 개발자가 되는 것이 핵심입니다.

저자 임동준(이하 준)과 고예슬(이하 슬)은 NHN NEXT에서 비전공자 동기로 처음 만나 프로그래밍 세계에 발을 들였습니다. 이후로도 준은 교육기관에서, 슬은 회사에서 커리어를 쌓으며 꾸준히 근황을 나누고 회고의 시간을 가졌습니다. 그런데 놀랍게도 서로가 겪은 어려움과 시행착오가 매우 유사했습니다. 그리고 다른 취업 준비생뿐만 아니라 신입 개발자 역시 비슷한 문제를 겪고 있다는 사실을 발견했습니다. 이러한 공감대를 바탕으로 '조금 앞서 경험한 선배의 눈높이'로 그동안의 경험을 널리 공유하고자 이 책을 썼습니다. 이 책은 커리어 성장의 여정에서 만나는 어려움을 가장 나다운 방법으로 해결하는 방법을 안내합니다. 여러분의 길을 만들어나가는 과정에서 이 책이 든든한 멘토가 되기를 바랍니다.

아울러 이 책의 탄생까지 소중한 밑거름이 된 피드백을 제공해준 NHN NEXT 관계자, 교수님과 선후배 동료, 친구, 가족 모두에게 감사를 전합니다.

임동준, 고예슬

저자 소개

지은이 **임동준**

경험을 읽고 교육하는 개발자, 준

우아한형제들에서 우아한테크코스 웹 프런트엔드 과정을 교육합니다. 지식을 전달하는 것을 넘어 학생 개인의 배경을 이해하고 각자의 경험과 지식을 연결함으로써 이를 역량으로 풀어내기 위해 항상 고민합니다. 그것이 스스로의 색깔을 찾을 수 있는 길이라고 믿습니다.

- **프로필** www.makerjun.com
- **유튜브** www.youtube.com/c/메이커준

지은이 **고예슬**

탐험을 좋아하고 호기심 많은 개발자, 슬

심리학을 전공한 후 상상하는 것을 직접 만들 수 있는 코딩에 흥미가 생겨 개발자로 커리어를 시작했습니다. 위메프, 네이버, 메타의 아시아 본부를 거쳐 현재는 싱가포르 스타트업에서 최고 성장 책임자(CGO)와 프로덕트 오퍼레이션 그룹 리더로 프로덕트의 방향성을 설정하고 있습니다. 공유를 통해 함께 성장하는 과정을 지향합니다.

- **프로필** www.yeslkoh.com
- **링크드인** www.linkedin.com/in/yeslkoh

이 책에 대하여

이 책은 여러분보다 조금 앞서 개발자가 된 선배가 전하는 커리어 가이드입니다. 취업의 첫 단추부터 효과적인 프로그래밍 학습과 네트워크 형성, 피드백 요청 방법 그리고 커리어 관리까지 '요즘 개발자'라면 누구나 고민하는 주제에 대한 현실적인 솔루션을 안내합니다. 또한 이 책은 여러분이 '나다운' 모습을 찾아가는 여정에 초점을 맞춥니다. 책에 담긴 다양한 미션을 통해 나다운 게 무엇인지 찾아보세요. 나다움 찾기는 커리어 성장의 여정에서 마주하는 어려움을 최소한의 시행착오로 똑똑하게 해결치는 열쇠가 될 것입니다.

다루는 내용

- 나만의 학습 전략과 환경을 찾는 방법
- 효과적인 페어 프로그래밍과 코드 리뷰 방법
- 눈에 띄는 이력서와 포트폴리오 작성 방법
- 코딩 테스트와 인성 면접을 주도하는 방법
- 좋은 팀원이 되기 위한 커뮤니케이션 노하우
- 멘탈 관리 및 자기계발 전략
- 꾸준한 피드백과 회고를 통해 성장하는 방법
- 이직이 고민될 때 필요한 진단과 결정의 지혜

대상 독자

- IT 개발자로 취업을 준비 중인 컴퓨터공학과 재학생 및 졸업생
- 멘토가 필요한 신입 개발자
- 개발자 커리어에 관심 있는 비선공자
- 이직을 계획 중인 사회 초년생

5장 다른 무대에도 서보고 싶어

개발자로 취업한 이후에도 성장하는 길은 끝이 없습니다. 이 장에서는 취업 후 자신을 꾸준히 발전시키는 방법과 더 큰 무대로 나아가는 방법을 다룹니다.

6장 나 오늘도 잘하고 있어

나다운 개발자로 성장하는 과정에서 빼놓을 수 없는 멘탈 건강과 자기 관리 전략을 다룹니다.

미션 공유 커뮤니티

이 책에서는 여러분의 성장을 돕는 100개의 미션을 제공합니다. 그리고 다음 커뮤니티에서 다른 개발자들과 미션 결과를 공유하며 서로 피드백을 주고받을 수 있습니다. 이 과정을 통해 자연스럽게 자신만의 색깔을 가진 개발자로 성장하길 바랍니다.

요즘 개발자를 위한 소통 공간
www.github.com/ssac-dev/yozm

이 책에서 다루는 내용은 저자의 개인적인 의견과 경험을 바탕으로 한 것이며 특정 회사를 대표하지 않습니다.

목차

1장
이런 개발자가 되고 싶어

목차

2장
똑똑하게 학습하고 싶어

3장

이런 회사에 가고 싶어

목차

4장

함께 성장하고 싶어

5장

다른 무대에도 서보고 싶어

6장
나 오늘도 잘하고 있어

1장

이런 개발자가
되고 싶어

개발자로 성장하는 과정에서 '나다운' 개발
자가 무엇인지 파악하는 것은 중요합니다.
이 장에서는 세상과 회사가 정의한 개발자
의 모습과 내가 꿈꾸는 개발자의 모습에서
교집합을 찾는 방법을 공유합니다. 나다운
개발자로 자라기 위한 전략을 함께 탐색해
봅시다.

세상이 정의하는 개발자

미션
- 😊 내 일상생활에 많은 영향을 끼치는 소프트웨어 다섯 가지 적어보기
- 😊 개발자 수요가 높은 이유 한 가지 이상 적어보기
- 😊 내가 중요하다고 생각하는 세상의 변화 한 가지 이상 적어보기

개발자라는 직업

모자이크 웹 브라우저와 넷스케이프 내비게이터를 개발한 마크 로웰 앤드리슨이 'Software is eating the world(소프트웨어가 세상을 집어삼키고 있다)'라고 말한 이후 10년이 훌쩍 지났습니다. 그리고 세상은 그때 상상했던 모습보다 더 획기적으로 변하고 있습니다. 이 변화에는 개발자가 큰 역할을 했죠. 개발자는 소프트웨어를 이용해 문제를 빨리 해결함으로써 과거에는 미처 상상할 수 없었던 퍼포먼스를 만드는 사람입니다. 이와 같은 활약 덕분에 최근 개발자에 대한 관심이 높아지고 있습니다.

세상을 뒤흔드는 IT 기업

우리가 하루 동안 보내는 시간을 떠올려보면 개발자란 직업이 얼마나 중요한지 알 수 있습니다.

아침에 일어나면 어젯밤 쿠팡 또는 컬리에서 주문한 상품이 문앞에 도착해 있습니다. 또 밤사이 받은 카카오톡 메시지를 확인하면서 유튜브로 음악을 듣기도 합니다. 점심시간에는 배달 앱으로 음식을 주문하고 카메라 앱의 예쁜 필터를 이용해 사진을 찍습니다. 일할 때는 슬랙으로 메시지를 주고받고 게더타운에서 만나 회의를 합니다. 저녁 운동도 앱으로 예약하고 집으로 돌아오는 길에는 미리 주문한 음료를 픽업해서 가져옵니다. 이처럼 우리의 일상에는 다양한 소프트웨어가 존재합니다.

사람들은 대부분 한 번이라도 편리함을 맛보면 그보다 더 편리한 서비스를 원하게 됩니다. 그래서 수많은 기업이 그 니즈를 충족시키기 위해 발 빠르게 움직이며 사용자에게 더 가치 있는 서비스를 제공하기 위해 노력합니다. 그래서인지 2023년 세계 10대 기업 대다수가 IT 회사였고 그만큼 IT의 영향력이 커졌습니다. 게다가 IT 회사가 아니었던 기업들도 IT 분야에 뛰어들고 있습니다.

Rank	Name	Market Cap	Price	Today	Price (30 days)	Country
1	Apple AAPL	$2.950 T	$189.69	▼ 0.01%		🇺🇸 USA
2	Microsoft MSFT	$2.748 T	$369.84	▲ 1.68%		🇺🇸 USA
3	Saudi Aramco 2222.SR	$2.178 T	$9.00	▲ 0.30%		🇸🇦 S. Arabia
4	Alphabet (Google) GOOG	$1.702 T	$136.94	▼ 1.27%		🇺🇸 USA
5	Amazon AMZN	$1.500 T	$145.18	▲ 1.65%		🇺🇸 USA
6	NVIDIA NVDA	$1.217 T	$492.98	▼ 0.37%		🇺🇸 USA
7	Meta Platforms (Facebook) META	$861.00 B	$335.04	▲ 0.25%		🇺🇸 USA
8	Berkshire Hathaway BRK-A	$780.75 B	$358.93	▲ 0.26%		🇺🇸 USA
9	Tesla TSLA	$744.82 B	$234.30	▲ 0.30%		🇺🇸 USA
10	Eli Lilly LLY	$561.71 B	$591.71	▲ 0.50%		🇺🇸 USA
⌃1 11	TSMC TSM	$516.46 B	$99.58	▲ 1.06%		🇹🇼 Taiwan
⌄1 12	Visa V	$512.43 B	$249.56	▲ 0.40%		🇺🇸 USA
13	UnitedHealth UNH	$496.02 B	$536.29	▲ 0.65%		🇺🇸 USA
14	Novo Nordisk NVO	$452.35 B	$101.39	▲ 1.87%		🇩🇰 Denmark
15	JPMorgan Chase JPM	$441.80 B	$152.82	▲ 0.90%		🇺🇸 USA

미국 IT 기업 주가별 순위[*]

모두가 피자 가게로 알고 있는 도미노피자는 사실 대표적인 IT
기업입니다. 도미노피자는 무려 20여 년 전인 2003년, 업계 최초로
온라인 주문 시스템을 도입했고 2010년 iOS용, 2011년 안드로이
드용 주문 앱을 출시했습니다. 이처럼 도미노피자는 일찍부터 모바

---

[*] https://companiesmarketcap.com

일 앱을 통해 독자적인 배달 인프라를 구축했으며, 소비자에게 피자를 배달 음식의 대표 메뉴로 인식시켰습니다. 지금도 PC나 모바일뿐 아니라 스마트워치, 태블릿, 차량용 기기, 인공지능 스피커 등 피자를 주문할 수 있는 기기를 계속해서 늘리고 있습니다. 이처럼 배달과 포장 중심의 정체성을 가진 도미노피자는 코로나 팬데믹으로 인해 구조 조정 바람이 일었던 미국 시장에서 이례적으로 1만 명을 추가 고용한다고 발표해 많은 사람을 놀라게 하기도 했습니다.

도미노피자의 인공지능 배달 로봇(출처: Forbes)

이렇게 도미노피자처럼 IT와 직접적인 연관이 없어 보이는 회사들도 생존 전략으로 IT 기술에 주목하며 개발자 채용에 집중하고 있습니다. 전 세계를 움직이는 서비스의 핵심에는 항상 소프트웨어가 있다 보니 자연스럽게 실력 있는 개발자 채용 수요가 늘어난 것입니다. 하지만 수요에 비해 인재가 충분하지 않아 많은 회사에서 개발자를 구하는 데 어려움을 겪고 있습니다. 특히 코로나 시기의 업무 환경이 재택근무로 바뀌면서 기업은 훌륭한 역량을 갖춘 개발자를 채용하기 위해 열을 올렸습니다. 현재는 AI가 개발자를 대체할 것이라는 우려가 있음에도 불구하고, AI 도구를 활용해 생산성을 높이고 AI 결과물의 정확성을 평가하는 등 새로운 기술을 익히고 스스로 발전하는 개발자에 대한 수요는 오히려 증가하고 있습니다.

	수요	공급	인력 수급 차이
인공지능	1만 4139명	4153명	−9986명
클라우드	6742명	6389명	−335명
빅데이터	1만 7073명	1만 4288명	−2785명
증강 · 가상현실	1만 9847명	1120명	−1만 8727명

4대 유망 SW 분야 신규 인력 수급 전망[*]

SKT	▶ 협상 타결금 800만 원 지급
직방	▶ 2000만 원 인상
크래프톤	▶ 2000만 원 인상
넥슨	▶ 800만 원 인상
넷마블	▶ 800만 원 인상
베스파	▶ 1200만 원 인상
베이글코드	▶ 스톡옵션 포함 2300만 원 인상

주요 IT · 게임 업계 연봉 인상 현황

[*] https://cm.asiae.co.kr/article/2021031009394683656

국내 벤처 캐피털venture capital(VC)도 개발 시장으로 투자금이 몰리고 있는데, 특히 테크 분야 스타트업에 대한 투자가 더 활발해졌습니다. 코로나 이전에 비해 투자금은 줄었지만, 기술력을 갖춘 스타트업에 대한 투자 트렌드는 계속 이어지고 있습니다.

과거와는 달리 현재의 기술 기반 스타트업들은 작은 규모임에도 불구하고 안정적인 서비스를 제공할 수 있습니다. 그래서 많은 스타트업이 100억 원 이상의 대규모 투자를 받고 있습니다. 그리고 스타트업은 퍼포먼스를 빠르게 보여줄 수 있는 실력 좋은 개발자를 공격적으로 채용합니다. 예전에는 스타트업이 성장하는 과정에서 버는 돈으로 좋은 인재들을 채용하려 했다면, 이제는 사업 초반부터 투자금을 이용해 문제 해결 능력이 뛰어나고 소프트웨어 장인 정신을 가진 개발자에게 매력적인 제안을 하는 경우가 많습니다.

기업이 개발자를 원하는 이유

이러한 사회현상을 통해 개발자라는 직업의 인기가 높아진 것을 알 수 있습니다. 이는 우리에게 '회사가 원하는 개발자의 역량은 무엇인가'라는 중요한 질문을 던지게 합니다. 개발자의 길을 가려는 사람이라면 당연히 이 질문에 집중해야 합니다.

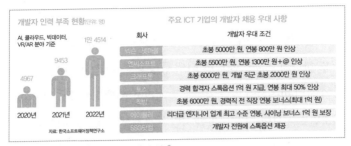

개발자 인력 부족 현황(단위: 명)			주요 ICT 기업의 개발자 채용 우대 사항	
AI, 클라우드, 빅데이터, VR/AR 분야 기준		1만 4514	회사	개발자 우대 조건
	9453		넥슨·넷마블	초봉 5000만 원, 연봉 800만 원 이상
4967			엔씨소프트	초봉 5500만 원, 연봉 1300만 원+@ 인상
			크래프톤	초봉 6000만 원, 개발 직군 초봉 2000만 원 인상
			토스	경력 합격자 스톡옵션 1억 원 지급, 연봉 최대 50% 인상
2020년	2021년	2022년	컬리	초봉 6000만 원, 경력직 전 직장 연봉 보너스(최대 1억 원)
자료: 한국소프트웨어정책연구소			에이블리	리더급 엔지니어 업계 최고 수준 연봉, 사이닝 보너스 1억 원 보장
			SSG닷컴	개발자 전원에 스톡옵션 제공

개발자 인력 부족 현황 및 개발자 채용 우대 사항[*]

　기업은 왜 시간과 비용을 들여 개발자를 채용하고 소프트웨어 개발 및 유지 보수에 직접 나설까요?

　첫 번째 이유는 지속적으로 변화하는 고객의 요구 사항에 대응하기 위해서입니다. 고객은 자신의 불만이 빠르게 개선되지 않을 경우 가차 없이 경쟁 서비스로 갈아탑니다. 따라서 고객의 니즈에 맞춰 빠르게 대응하면서 개선된 서비스로 고객을 만족시키는 일이 점점 더 중요해지고 있습니다. 과거에는 외주 용역으로도 서비스를 만들었습니다. 하지만 시간이 갈수록 기업은 고객이 원하는 만큼 섬세하고 빠르며 질 좋은 소프트웨어를 유지하는 데 외주 방식이 적합하지 않다는 것을 깨달았습니다. 서비스를 만들다 보면 중간에 요구 사항이 추가되는 경우도 있고 운영 중 변경 사항이 생기기도 합니다. 외주로는 이런 변화에 기민하게 대응하기 어렵습니다. 그래서

---

[*]　https://www.sedaily.com/NewsView/22VGX5719V

오늘날 기업들은 서비스를 깊이 이해하고 고객과 효과적으로 소통하며 변화에 신속하게 대응할 수 있는 내부 개발자를 선호합니다.

또 하나의 이유로 강력한 AI의 등장을 들 수 있습니다. AI는 사람이 하던 반복적인 일을 자동으로 처리하며 시간 제약을 뛰어넘는 퍼포먼스를 보여줍니다. 또한 사람이 문제를 정의하고 해결하는 데 초점을 맞출 수 있도록 도와줍니다. 그래서 AI의 생산성을 적극적으로 활용할 수 있으며 경험이 풍부한 경력자를 채용하려는 기업의 수요가 끝없이 올라가고 있습니다. 하지만 AI 분야의 전문 개발자는 아직 많지 않습니다. AI 개발자는 프로그래밍뿐만 아니라 수학과 통계 지식도 갖춰야 하고, 새로 등장한 분야이다 보니 이를 서비스로 풀어낸 경험이 많지 않아 채용이 쉽지 않습니다.

소프트웨어 장인 정신을 가진 개발자

모든 회사는 실력이 뛰어나고 소프트웨어 장인 정신을 가진 개발자를 원합니다. 소프트웨어 장인 정신은 로버트 C. 마틴이 언급한 용어로, 단순히 기술적인 숙련도만 의미하는 것이 아니라 규율, 윤리, 책임감, 자부심 등 개발자의 마음가짐과 태도까지 포함합니다.

최근 AWS, GCP와 같은 클라우드 서비스가 발전함에 따라 소규모 인원이 글로벌 급의 거대한 인프라도 관리할 수 있게 되었습니다. 즉, 개발자 한 명이 낼 수 있는 퍼포먼스가 과거와는 차원이 다르게 커진 것입니다. 인스타그램의 경우 메타가 2조 원에 인수했을 당시 전 직원이 20명도 안 되는 규모였습니다. 또 1년 만에 1조 원의 가치를 만든 클럽하우스는 전 세계 가입자가 수백만 명으로 증가할 때까지 개발자가 단 세 명뿐이었다고 합니다. 이처럼 소규모 개발팀만 있어도 전 세계에서 발생하는 트래픽을 처리할 수 있게 된 것은 클라우드와 인프라 서비스가 엄청나게 발전했기 때문입니다.

또한 다양한 개발 프레임워크와 라이브러리를 비롯해 개발 생산성을 높이는 도구가 등장하면서 뛰어난 개발자 몇 명만으로도 생산성을 크게 높일 수 있게 되었습니다. 따라서 현재는 소프트웨어 장인 정신을 갖춘 개발자 한 명이 과거에는 100명 이상이 했던 일을 수행할 수 있습니다.

사실 우리나라는 정부에서 지원하는 프로그래밍 학원이 많고 온라인 강의 등으로 학습할 기회도 열려 있는 편이어서 절대적인 개발자 수 자체가 부족하지는 않습니다. 하지만 빠르게 변화하고 불확실성이 높은 현 시장 상황에 대응할 만한 '기업에서 원하는 수준'의 개발자는 부족합니다. 학생들은 교육기관에서 다양한 프로젝트를 수행하며 빠른 결과물을 만들어내지만, 기업은 단순히 결과물만으로 좋은 개발자를 판단하진 않습니다. 기업은 불확실한 상황 속에서도 스스로 문제를 정의하고 복잡한 현실의 문제를 해결할 수 있는 개발자를 원합니다. 하지만 이러한 개발자를 찾는 것은 쉽지 않습니다.

그래서 삼성, 네이버, 우아한형제들과 같은 주요 IT 기업에서 이 시대의 개발자를 위한 프로그래밍 교육을 진행하고 있습니다. 회사별 개성을 녹여낸 커리큘럼으로 교육하는데, 해당 교육을 수료한 학생이 그 회사에 입사하는 경우도 많습니다. 이윤 추구가 목적이고 효율성과 생산성을 중요하게 생각하는 기업이 손수 교육까지 진행하는 이유는 기업이 원하는 수준의 문제 해결 역량을 가진 개발자를 키우기 위해서입니다.

세계경제포럼World Economic Forum(WEF)이 「미래 직업 보고서」에서 발표한 '2025년 전 세계 기업이 가장 필요로 하는 15가지 업무 능력'은 다음과 같습니다. 이 중에서도 '복합적 문제 해결' 능력은 개발자에게 특히 중요한 역량입니다.

- 분석적 사고와 혁신
- 능동적 학습과 학습 전략
- **복합적 문제 해결**
- 비판적 사고와 분석
- 창의성, 독창성, 주도성
- 기술과 사회 영향력
- 기술 사용, 모니터링과 통제
- 기술 디자인과 프로그래밍
- 회복력, 스트레스 저항력, 유연성
- 논리적 추론, 문제 해결, 상상력
- 감성 지능
- 운영상 실수 해결 및 사용자 경험
- 서비스 지향적 사고
- 시스템 분석과 평가
- 설득과 협상

그래서 몇몇 기업은 학습자가 복잡한 문제를 스스로 정의하고 협력적으로 해결하며 서비스를 효율적으로 운영하는 능력을 학습할 수 있도록 커리큘럼을 구성했습니다. 우아한형제들이 운영하는 '우아한테크코스'에서는 페어 프로그래밍으로 프로젝트를 개발하고 사용자와 소통하는 과정을 추가하여 기존 프로그래밍 학원들의 커리큘럼과는 다른 실전 경험을 제공합니다. 문제 정의, 문제 해결, 서비스 운영 시 점진적으로 개선하는 과정을 끊임없이 반복하며 소프트웨어 장인 정신을 갖춘 개발자로 거듭나도록 돕는 것이죠.

지금까지 개발자의 수요가 높아지는 이유를 살펴보았습니다. 현시대의 개발자는 소프트웨어를 활용해 과거에는 많은 인원이 함께 해결해야 했던 문제를 최소한의 인원으로 빠르게 해결할 수 있게 합니다. 그래서 많은 회사가 뛰어난 개발자와 함께 일하길 원합니다. 이처럼 세상이 요구하는 개발자의 모습을 이해함으로써 개발자로서 갖춰야 할 주요 역량을 파악할 수 있습니다. 이러한 관점은 기술을 배울 때 그 기술이 어떤 맥락에 활용되며 어떤 의미와 가치를 지니는지 생각하게 합니다.

우리는 항상 '왜 그런가'라는 질문을 던지고 고민해야 합니다. 보통 물고기를 잡아주는 것보다 '물고기를 잡는 방법'을 알려주는 것이 더 중요하다고 이야기합니다. 그런데 사실 물고기를 잡는 방법보다 더 중요한 것은 물고기가 살고 있는 '바다에 대한 이해'입니다. 해류의 흐름, 물고기의 생태계, 어업의 역사를 관찰하면 현재 어떤 물고기가 중요하고 그 물고기는 어디에 살며 물고기를 잘 잡기 위해 어떤 방법을 사용해야 하는지 찾을 수 있습니다. 따라서 우리에게는 끊임없이 '왜?'라고 질문하는 자세가 필요하며 이 자세는 자연스럽게 뛰어난 개발자의 모습과도 연결됩니다. 오늘부터 세상을 바라볼 때 개발자의 시선으로 '왜'라는 질문을 계속해서 던져보면 어떨까요?

회사가 정의하는 개발자

미션
- 내가 자주 사용하는 서비스 기업의 핵심 가치 찾기
- 개발자 콘퍼런스에서 주최한 기업의 다음 방향성을 드러내는 서비스 찾기
- 기업의 블로그나 유튜브를 통해 신규 입사자를 위한 온보딩 콘텐츠 찾기

각 회사에 어울리는 개발자

개발 분야를 검색하면 프런트엔드, 백엔드, 모바일, 데이터, AI와 같이 구분된 것을 볼 수 있습니다. 하지만 실제로 개발자가 일하는 회사 내부를 살펴보면 어떤 환경에서 어떤 목표로 일하는지에 따라 매우 다양한 직무의 개발자가 있습니다. 모든 회사에는 그 회사가 해결하고자 하는 '문제'가 있고 그 문제를 멋지게 해결하기 위한 '문화'와 '비전'이 있습니다. 그리고 회사는 이러한 문제를 회사가 원하는 방향으로 함께 해결해나갈 수 있는 개발자를 원합니다. 그래서

회사가 정의하는 문제, 문화, 철학을 찾아보면 그 회사에 어울리는 개발자를 알 수 있습니다.

사람들과의 소통 방식을 혁신하는 메타

개발자의 역할과 개발자가 일하는 환경은 회사의 문제 해결 방식과 문화에 깊이 연결되어 있습니다. 이러한 관점에서 글로벌 기업 메타가 어떤 핵심 가치를 지니고 있으며 이 가치들이 개발자의 역할에 어떤 영향을 미치는지 살펴보겠습니다.

메타의 핵심 가치 여섯 가지

메타에는 다음과 같은 여섯 가지 핵심 가치가 있습니다.

1) Move fast 신속하게 움직여라

2) Focus on long-term impact 장기적인 영향력에 집중하라

3) Build awesome things 놀라운 것을 만들어라

4) Live in the future 미래를 살아라

5) Be direct and respect your colleagues 솔직하게 말하되 동료를 존중하라

6) Meta, Meta mates, Me 메타, 메타 메이트(동료) 그리고 나

메타는 이러한 가치와 문화를 바탕으로 문제를 함께 해결할 개발자를 찾고 있습니다. 단순히 소셜 미디어 회사가 아닌 소셜 네트워크 서비스의 미래를 구축하는 메타버스 회사로서 정체성을 확립하기 위해 회사, 동료 그리고 나로 연결되는 철학을 가지고 문제를 해결하려고 합니다. 그리고 문제 해결 과정에서 존중에 기반한 솔직함으로 투명하게 소통할 수 있는 동료를 원합니다.

연결의 미래를 보여주는 메타 커넥트

메타는 이런 가치와 철학을 개발자들과 공유하기 위해 메타 커넥트라는 콘퍼런스를 운영합니다. 이 콘퍼런스를 통해 메타가 어떤 방향으로 성장하려 하는지, 어떤 직원과 함께 일하길 원하는지 명확하게 알 수 있습니다. 이렇듯 회사의 전체적인 로드맵을 통해 내가 도전하고 해결해보고 싶은 문제가 있는지 확인할 수 있으며 이는 커리어 방향을 고민하는 데 큰 도움이 됩니다.

메타의 로드맵을 보면 향후 3년 계획은 기존의 페이스북 관련 생태계 지원하기, 5년 계획은 메신저, 왓츠앱, 비디오, 검색, 그룹, 인스타그램 등의 입지 확고히 다지기, 10년 계획은 연결성, 인공지능, 가상현실 및 증강현실 개발하기라는 것을 알 수 있습니다. 이렇게 서비스의 성장 방향을 구체적으로 파악하는 동시에 나의 성장 방향도 함께 찾을 수 있습니다.

메타의 10년 로드맵[*]

    메타는 연결을 넘어서 증강현실, 가상현실, 인공지능을 활용한 소셜 네트워그 커뮤니티를 만들고자 합니다. 그 과정에서 어떤 문제들을 해결하고 있는지 궁금하다면 지금이 바로 메타의 이야기를 찾아볼 때입니다.

개발 문화에 녹아 있는 핵심 가치

    메타는 'Move fast'라는 핵심 가치를 바탕으로 개발 이터레이션 ^{iteration}을 매우 빠르게 진행합니다. 이터레이션은 완벽한 제품을 한 번에 만드는 것이 아니라, 우선 동작하는 제품을 개발하고 사용자의 반응과 데이터를 살피면서 기민하게 발전시키는 것을 말합니다.

    이런 분위기이다 보니 메타의 오래된 전통 중 하나가 바로 해커톤을 개최하는 것입니다. 메타는 전사적으로 매년 3회 이상 해커톤

---

*   https`://www.bloter.net/newsView/blt201704200002

을 운영합니다. 해커톤에서 등장한 아이디어를 실제 프로덕트로 만
드는 경우도 많습니다. 이제는 페이스북의 트레이드 마크가 된 '좋
아요' 버튼이나 '무지개 필터' 등은 모두 해커톤에서 탄생하여 실제
프로덕트로 이어진 사례입니다.

페이스북의 무지개 필터(출처: 마크 저커버그 페이스북)

메타의 개발 문화나 가치가 궁금하다면 엔지니어링 블로그나 리
얼 토크 페이지를 참고하기 바랍니다. 여기서는 메타에서 근무하는
다양한 개발자들의 경험담을 확인할 수 있습니다.

- **메타 엔지니어링 블로그**: https://engineering.fb.com
- **메타 리얼 토크**: https://www.metacareers.com/life/real-talk-
  about-facebooks-culture

문 앞으로 일상의 행복을 배달하는 우아한형제들

우아한형제들은 '문 앞으로 배달되는 일상의 행복'이라는 비전을 갖고 있습니다. 과거 배달의민족이라는 서비스의 비전은 '좋은 음식을 먹고 싶은 곳에서'였는데, 최근에는 고객의 문 앞으로 모든 것을 배달하는 것을 목표로 합니다. 그 목표에 다가가기 위해 어떻게 함께 일해야 하는지, 어떤 문화를 만들어나가야 하는지 고민하고 공유하는데, 그 고민이 잘 드러난 사례가 '송파구에서 일을 더 잘하는 11가지 방법'입니다

송파구에서 일을 더 잘하는 11가지 방법

11가지 방법에는 '잡담을 많이 나누는 것이 경쟁력이다', '쓰레기는 먼저 본 사람이 줍는다', '이끌거나 따르거나 떠나거나!'와 같이 흥미로운 항목도 있습니다. 이런 가치를 지키려고 노력하다 보면 자연스럽게 회사의 방향성을 따르고 문화를 실현할 수 있습니다.

이렇듯 기업 문화가 정리된 자료를 통해 자연스럽게 회사의 분위기를 알 수 있고, 나아가 그 회사 직원에게 진짜 이런 문화로 일하는지 물어볼 수 있다면 더 자세히 파악할 수 있습니다.

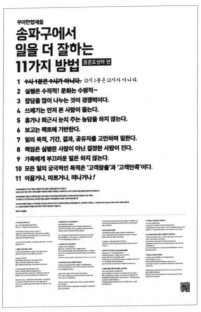

송파구에서 일을 더 잘하는 11가지 방법

기술로 상생하는 미래를 보여주는 우아한테크콘서트

우아한형제들은 '문 앞으로 배달되는 일상의 행복'이라는 가치를 실현하기 위해 개발자가 어떤 도전을 하고 있는지 우아한테크콘서트를 통해 보여줍니다. 지나온 여정에서 해결한 문제, 앞으로 해결할 문제뿐 아니라 나아갈 방향에 대한 시선까지 살펴볼 수 있는데, 이를 통해 아직 서비스되지 않은 목표와 문제 해결 과정을 알 수 있다는 점도 매우 흥미롭습니다.

특히 로봇 배달 같은 생소한 분야는 이런 테크 콘퍼런스에서 처음 접하는 경우가 많습니다. 그러면서 자연스럽게 가슴이 두근거리는 분야를 찾기도 합니다. 오프라인으로 진행하는 콘퍼런스 현장에서는 해당 기업에 재직 중인 개발자에게 직접 궁금한 점을 질문할 수 있으며 어떻게 문제를 해결하는지도 자세히 들을 수 있습니다.

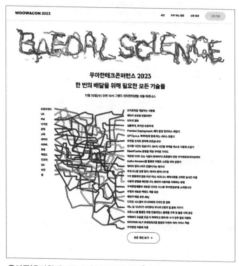

우아콘(우아한테크콘서트) 웹사이트 화면*

회사에서 개최하는 콘퍼런스에서는 회사가 '어떤 문제'를 해결하고 싶은지 알 수 있다면, 회사의 기술 블로그나 유튜브에서는 어떤

---

* https://woowacon.com

온보딩 과정을 거치는지, 코드 리뷰와 협업은 어떻게 하는지 등 '개발자들이 일하는 모습'을 볼 수 있습니다.

우아한형제들의 여러 채널에서 개발자의 모습을 자세히 들여다보면 단순히 '배달을 중계하는 회사'라는 생각이 사라집니다. 그리고 소비자, 가게 사장님, 라이더 모두가 상생하는 배달 생태계를 만들기 위해 많은 문제를 해결하고 있다는 것을 알게 됩니다. 예를 들어 배달 주문은 점심과 저녁 시간에 최대 150만 건 이상 집중적으로 몰리는데, 이를 해결하기 위해 어떤 문제를 어떻게 해결하는지 살펴보면 우아한형제들이라는 회사를 더 깊이 이해할 수 있습니다.

- **우아한기술블로그:** https://techblog.woowahan.com
- **우아한테크 유튜브:** https://www.youtube.com/우아한Tech

내가 생각하는 개발자의 모습이 막연하게 백엔드 개발자, 프런트엔드 개발자, 모바일 개발자와 같이 분류될 뿐 구체적인 모습이 잘 그려지지 않는다면, 먼저 자주 사용하는 서비스나 회사를 떠올려보세요. 그리고 그 회사가 어떤 문제를 어떻게 해결하는지 들여다보세요. 많은 회사가 과거에 비해 '어떤' 문제를 '어떻게' 해결하는지 더 자세히 공유하고 있습니다. 아무리 바쁜 스타트업이어도 함께 일하고자 하는 사람들을 만나기 위해서는 어떻게든 시간을 내어 그들의 이야기를 공유할 것입니다. 그 이야기를 통해 회사가 정의하는 개발자의 모습을 파악할 수 있으며 이러한 과정에서 자연스럽게 내가 어떤 개발자가 되고 싶은지, 어떻게 정의된 개발자가 나를 설레게 하는지 느낄 수 있을 것입니다.

세상에서 정의하는 개발자의 모습이 '문제를 효율적으로 해결하는' 문제 해결사였다면, 회사가 정의하는 개발자는 '특정 문제를 그 회사만의 방식으로 탁월하게 해결하는' 문제 해결사라고 볼 수 있습니다. 앞에서 제시한 미션을 수행하면서 여러분에게 매력적인 회사가 어떤 모습인지 찾아보는 것은 어떨까요?

내가 정의하는
개발자

미션

😆 나는 어떤 개발자인지 정의해보기

😆 내가 생각하는 좋은 개발자의 특징 세 가지와 그 이유를 적어보기

😆 공감이 되는 개발자 이야기를 세 개 이상 찾고 댓글 남기기

내가 개발자를 정의해야 하는 이유

세상과 회사가 정의하는 개발자를 이해했다면 이제 '나'는 '어떤 문제'를 해결하고 '어떤 가치'를 만드는 개발자가 되고 싶은지 고민하고 정의해야 합니다. 왜냐하면 같은 개발자여도 모두 다른 커리어를 쌓으며 그 과정에서 자신만의 장점이 녹아든 길을 직접 만들어야 하기 때문입니다.

대학교에 지원할 때 생각했던 것보다 학과 종류가 많아 놀란 적이 있나요? 마찬가지로 개발자 직군에도 놀라울 정도로 다양한 분

야가 있습니다. 다른 개발자의 커리어를 살펴보면서 자신에게 맞는 직무를 찾고 스스로 로드맵을 세우는 것은 나다운 개발자가 되기 위한 필수 과정입니다. 첫 커리어를 계속 이어나가는 경우도 많지만, 본인의 장점을 살려 기획자, 교육자, 테크 엔지니어 등 새로운 커리어로 전환하는 경우도 있습니다. 또 아직 세상에 없는 직군이라면 스스로 그 길을 정의해서 직접 만들어나갈 수도 있습니다.

준과 슬*그리고 준과 슬의 동료들도 세상과 회사에서 정의한 개발자의 모습을 넘어 자신이 정의한 개발자의 모습을 찾기 위해 스스로 질문하고 탐색합니다. 물론 이 과정은 쉽지 않고 한 번에 되지도 않습니다. 다양한 질문을 하다 보면 내가 생각하는 개발자의 모습을 자세히 그려볼 수 있는데, 지금부터 스스로 개발자를 정의하는 과정에 큰 도움이 되었던 두 가지 질문을 소개하겠습니다.

첫 번째 질문
- 좋은 개발자의 덕목은 무엇인가

내가 정의하는 개발자의 모습을 찾기 위해서는 먼저 좋은 개발자가 가진 덕목이 무엇인지부터 고민해야 합니다. 좋은 개발자에 대한 생각은 사람마다 다르므로 좋은 개발자가 갖춰야 할 덕목도 다를 수

---

* '준'과 '슬'은 각각 이 책을 집필한 '임동준' 그리고 '고예슬' 저자를 지칭합니다.

밖에 없습니다. 그렇기 때문에 좋은 개발자의 모습을 상상하는 과정에서 자신이 정의하는 개발자의 모습을 구체적으로 그려볼 수 있습니다. 준의 경우 회사에 지원할 때 '좋은 개발자의 덕목 세 가지와 그렇게 생각하는 이유'를 작성하라는 자기소개서 문항을 보고 어떤 개발자가 되고 싶은지 오랜 시간 고민했습니다. 그 덕분에 지금까지도 계속해서 이 질문을 되뇌고 다른 사람들과 이야기하면서 스스로 정의하는 개발자의 모습을 구체화하고 있습니다.

준이 정의하는 개발자에게 필요한 역량

사실 처음에는 개발자로서 중요한 역량에 대해 고민하는 것이 어려웠기 때문에 인지도 있는 개발자들의 커리어와 이야기 속에서 그들이 갖춘 역량 및 덕목을 뽑아보려 했습니다. 하지만 그 역량은 그들이 갖춘 것이지 준이 가진 것은 아니었기 때문에 스스로 좋은 개발자가 아니라는 것을 증명하는 것처럼 느껴졌습니다. 그래서 준의 경험에서 발견할 수 있는 역량이 무엇인지부터 찾았고, 세 가지 포인트를 발견할 수 있었습니다. 그것은 바로 '문제 정의', '문제 해결', '해결 방법 공유'였습니다.

- 문제 정의

프로그래밍의 본질은 문제 해결입니다. 그리고 문제 해결에 앞서 더 중요한 것은 문제를 정의하는 겁니다. 문제에 대한 정의를 제대로 하지 않으면 문제를 해결해도 내가 생각했던 방향과 다른 결과가 나타날 수 있습니다.

예를 들어 계산기 앱을 만든다고 가정해봅시다. 계산기 앱에서 가장 중요하게 해결해야 하는 문제는 무엇일까요? 바로 사칙연산입니다. 구현해야 하는 가장 작은 단위의 필수 기능은 두 숫자 간의 사칙연산일 것입니다. 이처럼 문제를 가장 작은 단위로 정확하게 정의해야 빨리 해결할 수 있고, 그 경험을 학습함으로써 더 큰 문제를 해결할 수 있는 역량을 쌓을 수 있습니다. 그래서 개발자에게는 문제 정의 역량이 매우 중요합니다.

• **문제 해결**

문제를 정의한 후에는 이를 해결하는 단계로 넘어가야 합니다. 문제를 잘 해결하기 위해 개발자는 계속해서 공부하고 새로운 기술을 학습하며 다양한 도구를 사용합니다. 또 '어떤 과정을 거쳐야 보다 효과적으로 문제를 해결할 수 있을까?'라는 질문을 던지고 목표한 해결책에 이르는 과정을 만들어갑니다. 현실에는 한 번에 해결할 수 있는 문제보다 복잡하고 불확실성이 큰 문제가 훨씬 많으므로 매번 다른 접근 방법과 전략이 필요합니다. 혼자서는 다양한 측면에서 해결책을 세우기 어려우므로 다른 사람들과 협력하는 문제 해결 과정을 설계하는 것 또한 중요합니다.

- 해결 방법 공유

　문제 해결 방법을 공유하면 개인과 팀 모두가 더 깊이 학습할 수 있습니다. 직접 경험해서 얻은 문제 해결 방법은 귀중한 자산이자 경험이 됩니다. 이 자산과 경험을 공유하면 비슷한 문제를 다시 마주했을 때 빠르게 해결할 수 있고 시행착오도 줄일 수 있습니다. 그러므로 해결 방법을 공유하고 팀 내에서 학습하여 전문성을 높이는 과정은 매우 중요합니다.

준이 정의하는 개발자의 모습

　준은 이 세 가지 역량을 갖추려고 노력했고 동시에 '내가 잘하고 싶은 것'을 생각해봤습니다. 그리고 '함께, 밝게, 나답게 성장할 수 있는 교육 환경을 구축하는 개발자'가 되고 싶다는 결론을 내렸습니다. '함께'는 다른 이들과의 협력적 경험을, '밝게'는 준의 장점인 밝은 에너지를, '나답게'는 다른 사람의 솔루션을 그대로 따라 하는 것이 아니라 나만의 방법으로 멋진 영향력을 만들기 위한 과정을 의미합니다. 그래서 준은 우아한테크코스라는 개발자 교육기관과 싹(SSAC)이라는 개발자 커뮤니티 등 다양한 채널을 운영하면서 함께, 밝게, 나답게 문제를 정의하고 해결한 후 그 방법들을 공유하고 있습니다. 또 피드백을 받으며 스스로 정의하는 개발자의 모습에 더 가까워지기 위해 노력하고 있습니다.

여기서 중요한 점은 개발자를 정의하는 과정은 결코 한 번에 이루어지지 않는다는 것입니다. 자신이 정의하는 개발자의 모습은 마치 생명체처럼 지속적으로 성장하고 변화합니다. 그래서 내가 생각하는 개발자가 되려면 원하는 모습을 꾸준히 재정의하고 필요한 역량을 고민하며 그 역량을 통해 내가 무엇을 할 수 있는지 상상하면서 행동해야 합니다. 이 과정을 반복하다 보면 결국 나다운 모습의 개발자로 성장한 모습을 발견할 수 있을 것입니다.

두 번째 질문
- 내 호기심을 자극하는 것은 무엇인가

좋은 개발자의 역량을 갑자기 떠올리려면 막막합니다. 그리고 이상적인 모습과 현실 속 내 모습 간의 괴리가 크게 느껴져 좌절하기도 합니다. 등산하기 전에는 높은 산을 보고 '정상까지 어떻게 오르지?'라고 생각하지만 막상 한 걸음 한 걸음 올라가다 보면 정상에 다다르듯이, 오늘의 내가 어디서부터 출발하면 좋을지 생각하면 훨씬 더 가벼운 마음으로 시작할 수 있습니다. 나와는 거리가 먼 개발자를 바라보기보다 '현재 내 호기심을 자극하는 것이 무엇인지', '나는 어떤 변화를 일으키고 싶은지'를 질문하며 접근하는 것도 좋습니다.

슬이 정의하는 개발자에게 필요한 역량

개발자에게 필요한 역량 중 하나는 기존 방식에 변화를 일으키는 것입니다. 그리고 변화를 일으키는 힘의 핵심은 바로 '호기심'입니다. 현재 내가 개발하는 서비스 및 코드에 관심이 없다면 깊이 공부하기 힘들고, 깊이 학습하지 않으면 앞으로의 지향점을 제안하기 어렵습니다. 따라서 꾸준히 성장하는 개발자는 본인이 속한 분야에 끊임없는 호기심을 보입니다. 그런데 주니어 개발자에게 호기심을 가장 많이 자극하는 것이 무엇인지 콕 집어 물어보면 대부분 호기심을 느끼는 부분이 아예 없거나 혹은 너무 많아서 답하기 어렵다고 합니다. 이 경우 다음의 호기심 리스트를 통해 현재 자신의 호기심 1순위가 무엇인지 파악할 수 있습니다.

• **호기심 리스트**

내 호기심을 자극하는 것이 무엇인지 바로 떠오르지 않는다면 일단 내가 어디에 시간을 가장 많이 투자하고 있는지 돌아보기 바랍니다. 또 일기나 카드 사용 내역, 가계부 등을 통해 내가 어디에, 어떤 활동에 가장 많은 돈을 투자했는지 살펴보는 것도 좋은 방법입니다. 시간과 돈을 투자하는 것은 곧 에너지를 투자하는 것이라고 볼 수 있습니다.

슬의 경우 일기를 바탕으로 어느 항목에 가장 많은 돈을 지출했는지 살펴봤더니 '사람들과 함께 보내는 시간'이었습니다. 다음으로 많이 지출한 항목은 책과 전시회였습니다. 이를 통해 다른 사람과 의견을 나누며 성장하는 활동, 폭넓은 트렌드를 읽을 수 있는 활동을 즐긴다는 것을 알 수 있었습니다.

- **리스트 내 우선순위**

슬은 호기심이 많고 늘 하고 싶은 일이 넘쳐나는 사람입니다. 하지만 사람의 뇌는 한 번에 하나의 일에만 집중할 수 있도록 설계되어 있습니다. 멀티태스킹을 한다고 착각할 뿐 사실은 한 번에 하나의 일에만 집중할 수 있다고 합니다. 따라서 호기심 리스트 중 현재 나에게 가장 중요한 활동이 무엇인지 생각한 후 우선순위를 정해야 합니다. 현재 상황에 매몰됐을 때는 잘 안 보였던 부분도 한 발짝 떨어지면 더 명확히 보입니다. 우선순위를 정하기 어려울 때는 빨리 정하려고 하기보다 일정 시간(예를 들어 주말) 동안 이와 관련된 생각을 아예 안 하다가 정해둔 시간이 지난 후 어떤 생각이 가장 먼저 떠오르는지 살피는 것도 좋은 방법입니다. 이때 처음으로 떠오르는 것이 내 마음속 1순위입니다.

슬이 정의하는 개발자의 모습

슬은 실패와 경험을 통해 다른 개발자들과 함께 점진적으로 성장하고자 합니다. 아무도 시도하지 않은 일에 도전할 때는 설렘과 함께 두려움도 느끼지만, 새로운 도전이 순조롭게 풀리지 않더라도 이 과정을 실패가 아닌 경험이라고 정의합니다. 무엇을 하든 한 번에 성공하는 것은 쉽지 않습니다. 결국 경험이 쌓여 최적의 해결 방안을 찾아낼 수 있는 것입니다. 슬은 앞으로도 누군가가 가지 않은 길에 도전하고 다른 개발자들과 시행착오를 공유하며 함께 성장하는 선순환을 만들고 싶습니다.

그리고 실패를 부정적으로 보는 기존의 시각도 변화시키고자 합니다. 긍정적인 경험은 자주 공유되지만 실패하고 넘어진 경험은 거의 공유되지 않습니다. 사실 성공 경험보다 더 도움이 되는 이야기는 실패한 경험입니다. 다른 사람의 실패를 깊이 들여다보면 그만큼 많은 것을 배울 수 있습니다. 또 경험을 공유하는 사람에게는 집단 지성을 활용해 실패를 성공으로 만들 수 있는 기회가 생기기도 합니다. 이 과정은 모두 다른 이의 시행착오에 관한 호기심과 진정한 관심이 있어야 가능합니다.

슬은 최근 머신러닝 분야에 도전 중인데, 이 과정에서도 '같이 성장하는 것'을 무엇보다 중요하게 생각하고 있습니다. 스스로 도전하고 경험하는 것도 값진 일이지만, 다른 이들과 경험을 나누면 더 큰 변화를 일으킬 수 있습니다. 기승전결이 모두 있는 성공 서사가 아니라 아직 개발 중인 과정을 콘퍼런스 등에 공유하며 우리 팀만의 경험으로 담아두지 않고 모두에게 나눌 수 있는 경험이 되도록 노력하고 있습니다.

여러분에게는 세상과 회사가 정의하는 개발자보다 내가 정의하는 개발자에 대한 이야기가 더 가깝게 느껴졌을 것이라고 생각합니다. 결국 개발자로 성장하는 것은 자기 자신이므로 내가 정의하는 개발자의 상이 명확해야 그 방향으로 나아갈 수 있습니다. 너무 막연하게 느껴진다면 다른 사람들과 피드백을 많이 주고받는 것을 추천합니다. 준과 슬도 많은 대화에서 아이디어와 인사이트를 얻고 스스로 정의하는 개발자를 더 구체화할 수 있었습니다.

다음 미션 공유 커뮤니티에서 여러분의 이야기를 마음껏 들려주세요.

- **미션 공유 커뮤니티**: https://github.com/ssac-dev/yozm

1장에서는 오늘날 전 세계적으로 개발자 수요가 증가하는 이유와 개발자의 정의에 관해 이야기했습니다. 최근 들어 개발자라는 직업의 인기가 더 많아진 이유는 소프트웨어로 문제를 해결하는 과정이 전례 없는 수준의 성능을 보여주었기 때문입니다.

챗GPT 같은 도구의 등장으로 일하는 방식이 빠르게 변하고 있습니다. 그래서 AI 개발 경험이 있는 개발자의 필요성이 급증했지만 아직 그 수가 많지 않습니다. 비단 AI뿐 아니라 빠른 변화를 겪고 있는 다른 산업 분야에서도 그 속도를 감당할 수 있는 경험과 실력을 갖춘 개발자를 원합니다. 그래서 기업은 변화에 빠르게 대응하는 능력을 키우는 데 최적화된 교육 프로그램을 운영하기 시작했습니다. 이러한 맥락을 이해한다면 기업이 어떤 역량을 갖춘 개발자를 필요로 하는지 인지할 수 있을 것입니다.

나에게 맞는 환경을 찾기 위해서는 회사의 문화, 가치, 목표 등을 고려해야 합니다. 예를 들어 메타는 'Move fast'와 같은 핵심 가치를 함께 실현할 개발자를 찾습니다. 우아한형제들은 배달의민족 서비스를 통해 '당신의 문 앞까지 매일의 행복을 전달한다'는 비전을 가지고 소비자와 점주, 라이더가 공존하는 배달 생태계를 조성하고자 합니다. 회사의 문화와 비전을 이해하면 해당 회사가 자신에게 적합한지, 그 회사의 개발자는 어떤 종류의 문제를 해결해야 하는지 알 수 있습니다.

세상과 회사가 원하는 개발자의 모습을 이해하면 개발자로서 자신의 진로와 정체성을 더 명확하게 정의할 수 있습니다. 내가 지향하는 가치를 추구하고 내가 풀고 싶은 문제를 해결하는 기업을 찾아보세요. 이 과정에서 나의 성장 방향을 구체적으로 그려나갈 수 있을 것입니다.

><)

;{

( )

2장

똑똑하게
학습하고 싶어

프로그래밍 학습 시 피드백을 자주 나누고
꾸준히 회고하는 것은 매우 중요합니다. 이
장에서는 피드백을 주고받는 환경을 어떻
게 찾는지, 그 환경에서 핵심 역량을 어떻게
향상시키는지 안내합니다. 그리고 더 나아
가 피드백과 회고의 구체적인 방법도 함께
살펴봅니다.

2장 미션을 공유해요

출발하기 전
고민해야 할 두 가지

미션

😎 피드백의 부재로 내가 잘하고 있는지 판단하기 어려웠던 경험 한 가지 생각하기

😎 즉각적인 피드백을 통해 무언가를 배울 수 있었던 사례 한 가지 생각하기

😎 내가 사용하는 서비스 중 즉각적인 피드백을 제공하는 서비스 한 가지 공유하기

피드백과 회고

프로그래밍 학습의 시작은 '피드백'과 '회고'라고 할 수 있습니다. 프로그래밍은 시험 문제처럼 정답이 정해진 경우가 거의 없고 불확실성이 높기 때문입니다. 그리고 소프트웨어는 현실 세계의 문제를 해결하기 위해 계속 진화합니다. 이러한 불확실성 속에서 우리는 올바른 방향으로 문제를 해결하고 있는지 피드백을 받고 수정 사항이 생기면 즉각적으로 반영할 수 있어야 합니다. 마치 실시간 교통 상황을 반영하여 추천 경로를 제시하는 내비게이션처럼 말이죠. 이

때 피드백을 주고받는 대상은 함께 학습하거나 일하는 동료, 고객, 나 자신, 컴퓨터 등 다양할 수 있습니다.

즉각적인 피드백이 중요한 이유

만약 게임에서 캐릭터의 성장 지표인 레벨, 경험치, 점수를 볼 수 없다면 어떨까요? 일단 재미가 없을 것이고 캐릭터의 성장을 파악하기도 어려울 것입니다. 현실에서는 레벨, 경험치, 점수와 같은 피드백을 수치로 확인하기 어렵습니다. 만약 게임처럼 즉각적인 피드백을 받을 수 있다면 더 효과적으로 성장할 수 있지 않을까요?

양치질에서의 피드백

어렸을 적 치과에서 양치질을 제대로 안 했다고 혼나본 적이 있나요? 매일 세 번씩 꼬박꼬박 양치질을 했는데 왜 항상 치석이 생기는 걸까요? 그 이유는 평소 양치질을 한 직후에 누구에게도 제대로 했는지 피드백받은 적이 없기 때문입니다. 1년에 한두 번 가는 치과에서 받는 피드백은 마치 농구 골대에 공을 던지고 1년이 지나서야 제대로 들어갔는지 확인하는 것과 같습니다.

'즉각적인' 피드백을 받는 것은 매우 중요합니다. 예를 들어 치면착색제를 사용하면 양치질을 제대로 했는지 즉각적인 피드백을 받을 수 있습니다. 이 착색제는 치태만 선택적으로 염색하는데, 이를 통해 치아의 어느 곳을 제대로 안 닦았는지 눈으로 확인할 수 있습니다.

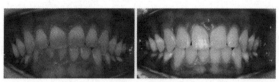

치면 착색제 도포 직후(좌) 치면 착색제 양치 후(우)

이처럼 프로그래밍을 학습할 때도 즉각적인 피드백을 얻을 수 있는 장치를 만들면 내가 잘하고 있는지 스스로 체크하고 판단할 수 있습니다. 마치 게임에서 경험치를 얻고 성장하는 속도를 보면서 재미를 느끼는 것처럼 말이죠.

운동에서의 피드백

운동은 즉각적인 피드백을 통한 효과적인 학습의 또 다른 예입니다. 운동을 잘하려면 관련 책 100권을 읽는 것보다 한 번이라도 몸으로 경험하는 것이 훨씬 좋습니다.

예를 들어 수영을 직접 해보면 몸에 과하게 힘을 주거나 몸을 굽힐 경우 물에 가라앉는다는 느낌을 받습니다. 그리고 헤엄치기 위해 발차기를 하고 팔을 저으면 앞으로 가는 것을 느낄 수 있습니다. 즉, 내 행동 하나하나로 인해 몸이 가라앉는지 앞으로 가는지 즉각적인 피드백을 받기 때문에 책으로 배우는 것보다 훨씬 빠르게 익힐 수 있습니다. 자전거의 경우에도 조금이라도 균형을 잃으면 넘어진다는 피드백을 빠르게 받습니다. 그래서 넘어지지 않도록 균형을 잘 잡으면서 페달을 계속 굴리는 방법을 깨닫습니다.

몸으로 바로 느껴지는 피드백을 경험 삼아 운동을 더 잘하게 되는 것처럼 프로그래밍 학습 시에도 즉각적인 피드백을 통해 더 빠르게 기술을 학습할 수 있습니다.

웹서비스에서의 피드백

우리가 만드는 소프트웨어에서도 피드백은 매우 중요합니다. 웹 또는 앱 사용자에게 즉각적인 피드백을 제공하지 않으면 사용자는 큰 불편함을 느낍니다.

예를 들어 유튜브 페이지에 접속했는데 다음과 같은 화면이 나타난 채로 몇 분 동안 아무 반응이 없다면 어떨까요? 대부분의 사용자는 이 웹사이트에 문제가 있다고 생각하며 얼마나 기다려야 하는지 몰라 답답해할 것입니다. 적절한 타이밍에 피드백을 주지 않으면 사용자가 이탈할 확률도 높아집니다.

어떠한 피드백도 없는 화면

그래서 개발자는 사용자에게 '지금 우리 웹사이트는 로딩 중이고 영상을 불러오고 있다'는 메시지를 주기 위해 다음과 같은 UI를 이용하여 정상적으로 동작하고 있다는 것을 보여줍니다.

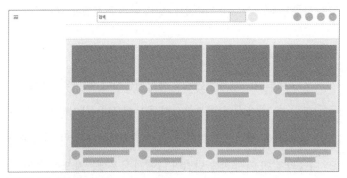

로딩 중이라는 것을 보여주는 UI

즉각적인 피드백을 받으면 사용자는 자신이 원하는 방향대로 흘러가고 있는지 확인할 수 있습니다. 소프트웨어뿐 아니라 하드웨어 역시 즉각적인 피드백을 잘 제공하는 제품이 사용자의 선택을 받습니다.

주기적인 회고가 중요한 이유

우리는 피드백을 의식적으로 요청해야 하고 피드백을 받았다면 즉시 반영해야 합니다. 그리고 피드백을 잘 반영하려면 회고하는 과정이 필요합니다. 회고는 초등학생 때 숙제로 썼던 일기처럼 하루를 '되돌아본다'는 의미에서 일기와 비슷하다고 할 수 있습니다. 단, 회고는 하루 단위가 아니라 의미 있는 일의 단위로 진행합니다.

개인이 하는 회고

책으로 네트워크를 공부한다고 생각해봅시다. 하나의 챕터를 모두 공부한 후 '내가 목표한 부분까지 공부했으니 끝!'이라며 마무리하지 않고 다음 챕터로 넘어가기 전에 회고하는 시간을 가져보세요. 다음과 같이 어떤 학습 방법이 나에게 유용했는지 또는 어떤 내용을 학습할 때 힘들었는지를 적어보는 것입니다.

오늘 조용한 환경에서 공부한 덕분에 집중이 잘되어서 목표를 수월하게 달성했다. 다음에도 개념을 익힐 때는 조용한 곳에서 공부해야 할 것 같다. 그리고 개념 중 이 해하기 어려웠던 부분이 있어서 2시간이나 혼자 끙끙댔는데, 개발자 커뮤니티에 질문을 올리니 10분 만에 예시와 함께 답변이 달려서 신기했다. 다음에는 고민하 다가 시간이 오래 걸릴 것 같으면 질문 리스트를 적어둔 후 다음 공부로 넘어가도 괜찮을 것 같다.

이처럼 어떤 점이 의미 있었고 힘들었는지 적어보면 현재의 경험 이 더 나은 경험을 위한 발판이 될 것입니다. 처음부터 길고 상세하 게 적으면 시작부터 지칠 수 있으니 5분 이내로 간단하게 적는 것을 추천합니다.

팀 단위의 회고

누구나 한 번쯤 다른 사람들과 함께하는 스터디가 시간이 지날수 록 흐지부지해지는 것을 경험한 적이 있을 겁니다. 이때 누군가 먼 저 용기 있게 이야기하지 않는 이상, 진행 방향을 개선하기보다는 스터디를 진행하지 않는 방향으로 가게 됩니다. 이때 정기적인 회 고를 통해 스터디가 목적을 향해 잘 나아가고 있는지, 그렇지 않다 면 어떤 개선이 필요한지 이야기하며 다시 목적을 상기할 수 있습 니다.

팀 단위로 회고할 때는 KPT 회고*, 5F** 등 다양한 방법을 활용할 수 있습니다. 하지만 모든 방법론의 핵심은 같습니다. 피드백을 주고받고 반영하는 것입니다. 또 회고하지 않고 그냥 넘어가면 원래의 수준에 머무를 뿐 발전하기 어렵습니다. 따라서 회고할 때는 항상 되돌아보기와 함께 '다음 할 일'을 정리해야 합니다. 이 책을 읽으며 지금까지의 경험을 돌아보고 다음에는 어떤 방법으로 문제에 접근할지 정리한다면 여러분의 다음 스텝에 큰 도움이 될 것입니다.

프로그래밍 학습 시에는 우리가 올바른 방향으로 나아가고 있는지 파악하기 위해 자주, 즉각적인 피드백을 받는 것이 중요합니다. 웹페이지에서 다음 동작으로 넘어갈 때 UI로 로딩 중이라는 것을 명확히 알려주듯, 우리도 성장 과정에서 진행 상황을 알아야 안정감을 가지고 단계별로 나아갈 수 있습니다.

효과적으로 피드백을 주고받는 방법은 2장에서 상세히 안내합니다. 그리고 이 과정이 나에게 잘 적용되고 있는지, 어렵고 막연한

---

* KPT 회고는 Keep(계속할 점), Problem(문제점), Try(시도할 해결책)으로 구성된 회고 방법론입니다. 팀 또는 개인의 입장에서 긍정적인 태도를 유지하는 동시에 문제를 식별하여 미래의 개선 방향을 제시합니다.

** 5F는 Fact(사실), Feeling(감정), Finding(교훈), Future action(향후 계획), Feedback(피드백)을 기반으로 하는 회고 방식입니다. 이 접근법은 사건의 사실적인 측면과 개인의 감정 그리고 이로부터 얻은 교훈과 미래 목표를 통합적으로 다룹니다.

점이 있다면 어떤 시도를 통해 개선할 수 있는지 회고합니다. 평소에 회고를 안 해봐서 막연하다는 생각이 들어도 괜찮습니다. 이 책의 미션들이 여러분의 경험을 돌아보고 실천으로 옮기는 데 도움을 줄 것입니다. 경험과 생각을 더 많이 나누고 피드백을 받으세요. 그러면 그 과정이 자연스럽게 회고로 이어질 것입니다.

어디서
배워야 할까

미션

😊 지금까지 무언가를 배울 때 가장 효과적이었던 학습 경험 적어보기

😊 효과적인 학습 경험을 만든 조건 세 가지 적어보기

😊 세 가지 조건을 충족하는 나만의 학습 환경 찾아보기

😊 나에게 가장 잘 맞는 학습 환경에서 실천할 수 있는 학습 루틴 적어보기

나에게 맞는 학습 환경

무엇을 학습할지 결정했다면 그것을 어디서 배울 수 있는지 찾아봐야 합니다. 소프트웨어 기술은 책, 온라인 강의, 부트캠프, 개발자 커뮤니티 등에서 배울 수 있습니다. 각각 장단점이 있으므로 본인의 상황에 맞게 활용하는 것이 중요합니다. 이때 고려해야 할 점이 한 가지 있는데, 바로 각 환경에서 '얼마나 의미 있는 피드백을 받을 수 있는지' 파악하는 것입니다.

책
- 읽지만 말고 실제로 적용하자

개발 서적으로 학습하려면 책을 단순히 '읽는' 것이 아니라 적극적으로 '활용'해야 합니다. 이를 위해 SQ3R이라는 독서 및 학습 방법을 적용하는 것을 추천합니다. 미국의 학자 로빈슨이 제안한 이 방법론은 독자가 단순히 정보를 흡수하는 수동적인 역할에서 벗어나 적극적인 학습을 가능하게 합니다. 특히 개발 도서는 방대한 양의 정보를 담고 있으므로 이러한 방법을 활용하면 더욱 효과적으로 학습할 수 있습니다.

SQ3R 방법론은 다음과 같은 5단계로 구성됩니다.

1단계 Survey(살펴보기)

이 단계에서는 책 표지의 뒷면을 읽고 목차를 살펴봅니다. 이를 통해 책의 주요 주제와 전체 구조를 이해할 수 있습니다. 또 서론과 결론 부분을 읽어보면 저자가 전달하고자 하는 핵심 메시지를 파악할 수 있으며 중요한 장의 첫 페이지와 마지막 페이지를 훑어보는 것도 도움이 됩니다. 이 단계는 책의 전반적인 구조를 이해하고 어떤 부분에 집중해서 읽을지를 결정하는 데 중요합니다.

2단계 Question(질문하기)

질문하기 단계는 각 장이나 절을 읽기 전에 스스로 질문하는 과정입니다. 이는 독자로 하여금 적극적인 학습 태도를 갖게 하고 호기심과 기대감을 높입니다. 예를 들어 어떤 장의 제목이 '리팩터링 기법'이라면 '이 장에서 다루는 주요 리팩터링 기법은 뭘까?'와 같은 질문을 스스로에게 던질 수 있습니다. 이런 질문들은 책을 읽는 동안 찾아야 할 답을 명확히 하여 독서를 더 의미 있게 만듭니다.

3단계 Read(읽기)

실제로 책을 읽으며 중요한 부분에 밑줄을 치거나 메모하는 단계입니다. 이 단계에서는 앞서 만든 질문들에 대한 답을 찾으며 중요한 개념과 정보를 주의 깊게 읽습니다. 읽는 동안 자신의 생각을 정리하고 중요한 부분은 심도 있게 생각해보는 것이 중요합니다. 예를 들어 특정 리팩터링 기법과 관련된 내용이라면 자신의 프로젝트에 이 기법을 어떻게 적용할 수 있을지 생각하며 읽는 것입니다.

4단계 Recite(요약하기)

이 단계에서는 책의 내용을 자신의 말로 요약하고 중요한 개념을 정리합니다. 이 과정은 학습한 내용을 더 깊이 이해하고 기억하는 데 도움이 됩니다. 각 장이나 절을 읽은 후 주요 아이디어나 개념을 간략하게 정리해보세요. 그러면 복습할 때 핵심 내용을 빠르게 상기할 수 있습니다.

5단계 Review(복습하기)

독서를 마무리하고 학습 내용을 정리하는 단계입니다. 이때 2단계에서 만든 질문에 답하고 학습한 내용을 되짚어봅니다. 복습하기 단계에서는 다른 사람들과 함께 이야기를 나누는 것이 효과적입니다. 책은 오프라인으로 각자 가능한 시간에 읽되, 온라인으로 함께 리뷰하는 것입니다. 이를 통해 학습하며 놓친 부분이나 추가 학습이 필요한 부분을 파악할 수 있습니다. 복습으로 학습한 내용을 내 것으로 만들면 실제 개발할 때 그 지식을 바로 적용할 수 있습니다.

여러 권의 책을 동시에 봐야 하는 경우 SQ3R 방법론을 적용하면 보다 효율적이고 목적 지향적으로 학습할 수 있습니다. 단순히 정보를 흡수하는 것을 넘어 적극적으로 지식을 탐구하고 적용하는 방법을 배워보세요. 책을 통해 얻은 지식을 실제 프로젝트에 적용함으로써 자신감과 효능감이 크게 향상될 것입니다.

온라인 강의
- 강사 생각과 내 생각의 차이를 찾자

온라인 강의는 유데미, 인프런, 코세라 등의 온라인 강의 플랫폼과 유튜브에서 찾을 수 있습니다.

온라인 강의의 장점은 내가 원하는 시간에 원하는 장소에서 들을 수 있다는 것입니다. 접근성이 좋다는 것은 온라인 강의의 큰 장점이지만, 학습에서 가장 중요한 '학습자의 능동적 참여'를 이끌어내기는 어렵습니다. 지금까지 수강한 인터넷 강의 중 완강한 것이 몇 개나 되나요? 웬만한 의지를 가진 사람이 아니면 강의를 끝까지 듣기 어렵고 실제 온라인 강의 플랫폼 운영자들의 이야기를 들어봐도 완강 비율은 굉장히 낮다고 합니다. 하지만 한국 콘텐츠뿐 아니라 전 세계의 콘텐츠에 손쉽게 접근할 수 있으므로 온라인 강의를 효과적으로 수강하는 방법을 미리 연습해두고 이를 활용하실 바랍니다.

강의를 듣기 전에 목차를 보고 배울 내용을 떠올려보세요. 강사가 어떤 내용으로 강의할지 머릿속에 그려보는 것입니다. 예를 들어 HTML 강의에 다음과 같은 목차가 있다고 합시다.

- HTML이란
- 문서의 구조
- 링크(link)
- 이미지(image)
- 폼(form)
- 테이블(table)

첫 번째로 이 목차를 보면서 다음과 같이 시뮬레이션합니다.

'목차를 보니 HTML에 대해 설명하다가 문서의 구조로 넘어가는 것 같은데 왜 갑자기 문서가 나오는 걸까? HTML과 문서가 서로 연결되어 있는 것 같네. 그 다음에는 링크, 이미지, 폼이 나오는데 HTML로 만드는 문서에서 이 기능들을 어떻게 사용하는지 보여주겠군. 아직 막연하긴 하지만 배운 내용으로 간단한 투 두 리스트 정도는 만들 수 있지 않을까?'

두 번째로는 강의를 들으면서 내가 생각했던 내용과 강사의 이야기를 비교해봅니다. 분명히 나와 강사의 생각이 같은 것도 있고 다른 것도 있을 것입니다. 이때 왜 같고 왜 다른지 이유를 파악하며 지식을 더 능동적으로 흡수할 수 있습니다.

'HTML 문서는 시각적인 콘텐츠만 대상이 되는 줄 알았는데, 강의를 들어보니 눈에 보이는 콘텐츠 외에도 중요한 내용이 많구나!'

세 번째로는 과거의 경험과 강의 내용을 적극적으로 접목해봅니다. 강의 내용을 단순히 정리하는 것에 그치는 것이 아니라 과거의 내 경험을 적극적으로 반영하는 것입니다.

'예전에 책을 따라 만든 투 두 리스트 앱에 이번에 배운 HTML 태그를 적용해봐야지!'

부트캠프
- 많은 피드백이 오가는 환경을 찾자

부트캠프는 최근에 많이 생긴 소프트웨어 교육과정입니다. 부트캠프라는 용어는 미국 신병 훈련소라는 단어에서 파생되었습니다. 부트캠프의 핵심은 단기간에 학습자를 힘들게 훈련시켜 실무에 투입 가능한 상태로 만드는 것입니다. 전통적인 컴퓨터공학 교육과정은 2년에서 4년이 소요되는 반면, 소프트웨어 부트캠프는 비전공자도 짧은 시간 안에 개발자로 거듭날 수 있도록 전문적인 훈련을 제공합니다. 그만큼 교육자와 학습자 모두 투자하는 에너지가 매우 큽니다. 부트캠프마다 차이는 있지만, 대부분의 커리큘럼이 풀타임으로 진행되므로 직장을 다니면서 진행하는 것은 어렵고 상당한 시간과 노력을 투자해야 합니다. 하지만 그만큼 학습 효과가 크기 때문에 개발자를 준비하는 많은 사람이 부트캠프에 참가하길 원합니다. 그래서 부트캠프는 대부분 일정 인원만 선발해서 진행합니다. 인원이 너무 많으면 멘토링이나 피드백을 주는 것이 힘들기 때문입니다.

최근에는 기업의 주도로 무료로 진행하거나 먼저 교육을 받고 해당 기업에 취업한 후 비용을 지불하는 후불제 형태의 부트캠프도 많아졌습니다. 그러므로 기회와 여력이 된다면 도전해볼 만한 가치가 있습니다. 중간에 학습자의 의지가 약해지더라도 다른 학습자와 교육 운영진이 도움을 받아 끝까지 이수할 가능성도 높습니다.

준이 교육자로 있는 우아한테크코스에서는 '소프트웨어 생태계에 선한 영향력을'이라는 슬로건의 부트캠프를 운영하고 있습니다. 우아한테크코스는 프로그래밍에 진정성 있는 사람들이 좋은 개발 문화를 만들고 더 나은 개발자로 성장하는 것을 돕기 위한 환경을 조성했습니다.

우아한테크코스의 모든 개발 미션은 두 명이 페어 프로그래밍으로 진행하므로 동료와 굉장히 많이 소통하면서 문제를 해결합니다. 그리고 현직 개발자와의 1:1 코드 리뷰를 통해 코드에서 개선할 점들에 대해 피드백받을 수 있습니다. 또 전반적인 학습 과정에서 '코치'라고 불리는 교육 운영진과 소통하며 각자 개성 넘치는 개발자로 성장합니다. 개발을 배우는 것이지만 학습 과정 내내 동료, 리뷰어, 코치와 계속해서 커뮤니케이션하기 때문에 우아한테크코스를 수료한 학생들은 과정을 통해 얻은 것 중 가장 값진 것이 동료라고 이야기하기도 합니다.

우아한테크코스뿐 아니라 다른 부트캠프도 각자만의 방식으로 좋은 프로그램을 운영하고 있습니다. 그러므로 꼭 어떤 부트캠프가 가장 좋다는 관점으로 접근하지 않아도 괜찮습니다. 단, 부트캠프를 선택할 때는 피드백을 얼마나 빠르게 자주 받을 수 있는지 꼭 확인하기 바랍니다. 가장 좋은 부트캠프를 찾는 것은 쉽지 않지만, 안 좋은 부트캠프는 명확히 가려낼 수 있습니다. 피드백 없이 단순히 강의만 제공하는 부트캠프는 피하고 지속적인 피드백을 제공하는 부트캠프를 선택하세요.

커뮤니티
- 공감할 수 있는 멤버가 모인 환경을 찾자

교육기관에서 제공하는 커리큘럼은 일반적으로 다수의 학생을 대상으로 하기 때문에 개별적인 문제에 대한 해결책을 얻기는 어려울 수 있습니다. 현재 내가 겪고 있는 문제에 대해 구체적인 피드백을 얻고 싶다면 내가 고민하고 있는 문제의 해결법을 알거나 비슷한 경험을 해본 사람들이 있을 법한 곳으로 찾아가는 것이 좋습니다. 이런 사람들은 페이스북 그룹이나 슬랙, 디스코드 커뮤니티 등에서 만날 수 있습니다. 커뮤니티에서 만난 사람과 취직 이후에도 꾸준히 연락하며 서로 도움을 주고받는 경우도 많습니다.

페이스북 그룹

페이스북에서 '개발 스터디', '개발', '프로그래밍' 등으로 검색하면 많은 그룹을 찾을 수 있습니다. 다양한 목적을 가진 사람들이 정보를 쉽게 공유하고 도움을 주고받기 위해 만든 커뮤니티이므로 대부분 공개 그룹입니다. 나와 맞을지 미리 판단하여 하나의 그룹만 가입하기보다는 여러 군데 가입 요정을 보내서 직접 활동해본 후 잘 맞는 그룹을 추려가는 방식을 추천합니다. 좋은 글을 공유해주기도 하고 질문을 올리면 여러 사람이 답변과 해결책을 찾아주기도 하므로 많은 도움을 받을 수 있습니다.

페이스북 커뮤니티

슬랙

프로그래밍 학습의 핵심 활동은 직접 실행해보고 피드백을 받는 것인 만큼 요즘 나오는 도서나 강의는 대부분 온라인에 예제를 공유하고 토론할 수 있는 커뮤니티 그룹을 운영합니다. 이런 그룹에 참여하면 함께 공부하므로 진도가 밀리지 않습니다. 또 내가 고민하는 부분은 다른 사람들도 똑같이 어려워하는 경우가 많기 때문에 답을 함께 찾아갈 수 있습니다.

궁금한 내용이 있다면 눈치 보지 말고 슬랙 커뮤니티에 과감히 질문해보세요. 여기서 받는 답변은 나뿐만 아니라 모두에게 도움이 되므로 같이 성장하는 기쁨을 누릴 수 있습니다. 수줍어서 말은 못 하지만 고마워할 사람이 분명히 있을 것입니다.

슬랙 커뮤니티

디스코드

요즘에는 슬랙이나 페이스북 외에 디스코드를 활용한 커뮤니티들도 활발히 운영됩니다.

준과 슬도 이 책의 독자 여러분과 더 활발히 소통하기 위해 싹(SSAC)이라는 커뮤니티를 운영하고 있습니다. 싹은 나다운 모습으로 성장하는 과정에서 피드백을 주고받을 수 있는 개발자 커뮤니티입니다. 거대한 나무도 처음에는 아주 작은 새싹에서 시작합니다. 싹일 때부터 함께 울창하게 자란 나무들이 모여 거대한 숲이 되는 모습을 떠올리며 이름을 싹으로 지었습니다. 이 커뮤니티에서는 개발자로 함께 성장하기 위한 스터니와 워크숍 등을 진행하며 서로의 고민을 이야기하는 시간을 갖기도 합니다. 싹 커뮤니티에 참여하길 원한다면 다음 링크에 접속한 후 하단의 디스코드 초대 링크를 눌러 주세요.

- **싹 커뮤니티**: https://www.ssac.io

디스코드의 가장 큰 장점은 자체적으로 음성 채팅, 화상 채팅이 가능해서 다른 서비스를 이용하지 않고도 소통할 수 있다는 점입니다. 다른 사람과 함께 문제를 해결하고 싶을 때 바로 채팅창에 화면을 공유할 수 있습니다.

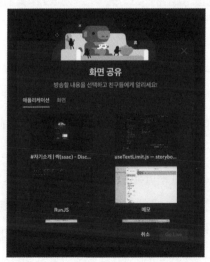

디스코드 커뮤니티 – 화면 공유 기능

디스코드 커뮤니티

기타 커뮤니티

앞서 소개한 플랫폼들 외에 SLiPP과 같이 특정 개발자가 직접 운영하는 스터디도 있습니다. 이런 커뮤니티는 다른 플랫폼보다 소규모이기 때문에 직접적인 피드백을 더 많이 받을 수 있습니다. SLiPP은 스터디원을 직접 선발하여 매 기수를 모집합니다. 일정 규모를 유지하기 때문에 스터디원끼리 똘똘 뭉칠 수 있고 서로 더 많은 피드백을 주고받을 수 있습니다. 하지만 대규모 그룹보다 덜 알려져 있기 때문에 나의 학습법과 맞는지 잘 알아본 후 판단해야 합니다.

SLiPP 커뮤니티

지금까지 소프트웨어를 배울 수 있는 환경들을 살펴봤습니다. 여러 환경을 경험하는 것보다 중요한 것은 '이 환경이 나의 성장에 도움이 되는가'를 스스로 질문하고 피드백받는 것입니다. 하나의 학습 환경만 선택하기보다 상황에 따라 알맞게 여러 방식을 조합하여 학습하는 것이 더 효과적입니다.

과거 경험 중 어떤 방식으로 학습했을 때 가장 많은 도움을 받았는지 생각해보세요. 과거의 나에게 효과적이었던 방법으로 먼저 시도해보고 무엇이 부족한지, 무엇이 더 필요한지 스스로 느껴보세요. 그러면 부족한 부분을 어떻게 채워야 할지 잘 보일 것입니다. 그리고 그 피드백을 학습 환경에 빠르게 반영하면서 내가 성장할 수밖에 없는 환경을 직접 만들어보세요. 프로그래밍 학습에 있어 '하나의 정답'은 없습니다. 최적의 학습 환경은 스스로 만들어나가야 합니다.

어떤 것부터
공부해야 할까

미션
- 😆 가고 싶은 회사의 채용 공고를 살펴보며 관심 있는 직군 10개 골라보기
- 😆 링크드인을 통해 나와 같은 업무(내가 하고 싶은 업무)를 하는 사람을 찾고 콜드 메일 또는 메시지를 보내 어떤 역량이 중요한지 파악하기
- 😆 모집 공고와 콜드 메일로 얻은 정보를 토대로 이력서 미리 작성하기

문제 정의의 중요성

프로그래밍을 학습할 때 흔히 하는 실수 중 하나가 '먼저' 공부하고 숙련도를 높인 후에 기술적인 문제를 해결하려는 것입니다. 그러나 때로는 '거꾸로 학습'이 더 효과적인 경우도 있습니다. 거꾸로 학습은 먼저 해결하고 싶은 문제를 정의하고 그에 맞춰 학습 방향을 설정하는 방법입니다. 프로그래밍의 본질은 '문제 해결'이므로 어떤 문제를 해결할지 먼저 정의하고 그 문제를 효율적으로 해결하기 위해 적절한 도구를 사용하는 것이 중요합니다. 그래서 개발자뿐만 아니라 다양한 직군에 종사하는 사람들이 문제를 해결하기 위해 프

로그래밍을 합니다. 예를 들어 구글 스프레드시트에서 함수를 사용하거나 단축키를 설정하는 것도 프로그래밍의 일종입니다.

이렇듯 누구나 프로그래밍으로 문제를 해결하는 시대입니다. 개발자뿐 아니라 디자이너도 사용자와의 인터랙션 문제 해결 시 프로그래밍이 필요하면 배워야 하고, 프런트엔드 개발자도 서버를 빠르게 만들어야 하면 백엔드를 배워야 합니다. 그래서 내가 어떤 문제를 해결하려고 하는지 먼저 생각해보는 것이 중요합니다. 문제를 명확히 정의하지 않은 채 빠르게 해결하려고만 하면 엉뚱한 곳에 시간과 에너지를 낭비할 수도 있습니다.

다음 이야기를 들어본 적 있나요?

술에 취한 사람이 가로등 밑에서 한참 동안 지갑을 찾는 모습을 보고 지나가던 행인이 물었습니다.

"지갑을 여기서 잃어버린 게 맞나요?"

그러자 술 취한 사람이 이렇게 답변했습니다.

"지갑은 저 골목에서 잃어버렸는데 골목은 어둡잖아요. 밝은 곳에서 찾을 수 있을 것 같아서 살펴보고 있었어요."

밝은 곳에서는 주변이 더 잘 보일 것입니다. 하지만 지갑은 결코 찾을 수 없습니다. 학습도 마찬가지입니다. 남들이 많이 보는 책이

나 강의를 따라 하는 것은 쉽고 매력적으로 보일 수 있습니다. 하지만 그것은 나의 문제를 해결하는 데 효과적인 방법이 아닐 수 있습니다. 그러므로 해결하고 싶은 문제에 초점을 맞춰 학습 방향을 설정하는 것이 중요합니다. 문제의 정의에 따라 학습 전략이 달라지니까요.

문제 정의를 위한 단계별 전략

프로그래밍 학습의 첫걸음으로 자신이 해결하고자 하는 구체적인 문제와 맥락을 파악하고 이에 맞춰 학습 과정을 설계하는 것이 중요합니다. 이러한 접근 방식은 단순히 지식 습득을 넘어 실질적인 문제 해결에 필요한 역량을 키우고 효과적인 학습 방향을 설정하는 데 도움이 됩니다.

STEP 1 내가 해결해보고 싶은 문제와 맥락 찾기

프로그래밍의 본질은 문제 해결이므로 내가 어떤 문제에 관심이 많은지부터 아는 것이 중요합니다. 문제 해결과 관련된 맥락을 모른 채 공부하면 학습의 우선순위를 정하기 어렵습니다.

예를 들어 파워포인트를 학습한다고 해보겠습니다. 맥락 없이 파워포인트를 깊이 이해하기 위해 공부를 시작한다면 어떤 것부터 해야 할까요? 당장 도형 버튼만 해도 네모, 세모, 선분 등 여러 가지가 있습니다. 애니메이션에도 트랜지션, 이동 등 여러 기능이 있습니다. 그리고 다양한 기능으로 확장되는 버튼도 수십 개입니다. 이 버튼의 기능들을 하나씩 깊이 있게 공부하면 과연 파워포인트를 잘 사용할 수 있을까요?

마찬가지로 프로그래밍 공부도 내가 공부하고자 하는 맥락, 해결하고 싶은 문제가 무엇인지부터 고민해야 무엇을 학습할지 명확하게 알 수 있습니다. 여기에 평소 관심을 가졌던 회사나 서비스를 살펴보면서 내가 정의한 개발자의 모습까지 고민한다면 해결하고자 하는 문제를 찾는 과정이 더 쉬워질 것입니다.

STEP 2 실무자에게 연락하기

내가 어떤 문제를 해결하는 데 관심이 많은지 파악했다면 이제 본격적으로 그 문제를 해결하기 위해 어떤 역량이 필요한지 탐색해야 합니다.

그 역량을 가장 쉽게 알 수 있는 방법은 무엇일까요? 바로 현업에서 비슷한 문제를 해결하고 있는 실무자에게 물어보는 것입니다. 우리는 개발자가 되고 싶은 것이므로 그 문제를 '프로그래밍으로 해결하는 사람'을 만나야겠죠? 여기서 '개발자'가 아니라 '프로그래밍으로 문제를 해결하는 사람'이라고 표현한 이유는 개발자뿐만 아니라 기획자, PM 등의 비개발 직군도 데이터 분석 및 테스트 코드 작성을 위해 직접 프로그래밍하는 경우가 있기 때문입니다. 이렇게 내가 풀고자 하는 문제를 프로그래밍으로 해결하는 전문가와 만나면 그들의 다양한 경험과 지식을 배울 수 있습니다.

링크드인, 인터넷 기사, 블로그, 유튜브 등을 통해 내 관심사와 관련된 문제를 해결하는 사람들의 이야기를 찾아보는 것도 좋습니다. 내가 해결하고 싶은 문제를 풀고 있는 사람 또는 회사를 찾아 직접 문의해보는 거죠. 운 좋게 비슷한 문제를 풀고 있는 학교 선배가 있을 수도 있습니다.

만약 지인이 없다면 링크드인을 통해 콜드 메일을 보내도 됩니다. 콜드 메일은 큰 기대 없이 일단 먼저 보내보는 연락인데, 사람들은 생각보다 본인의 문제 해결 경험을 공유하는 것을 귀찮아 하거나 부담스럽게 생각하지 않습니다. 오히려 대부분의 개발자는 자신의 경험을 공유하는 것을 좋아합니다. 따라서 콜드 메일을 보내지 않을 이유가 없습니다. 다양한 분야의 사람들이 각자 해결하고 싶은 문제를 진정성 있게 이야기하는 EO와 같은 유튜브 채널에서 실무자를 찾아보는 것도 좋습니다.

무엇보다 내가 고민하는 문제를 가장 잘 아는 사람에게 물어보는 것이 좋습니다. 그 일을 가장 잘 아는 사람은 현재 그 일을 하고 있는 사람입니다. 그 일과 직접적인 관련이 없는 친구나 학원 강사에게는 정확한 답을 기대하기 어렵습니다. 그래서 현업에 있는 실무자를 직접 만나는 것이 중요합니다.

STEP 3 각 팀에서 원하는 역량 조사하기

실제 회사 공고나 채용 페이지를 보면 프런트엔드, 백엔드, iOS, 안드로이드 등과 같은 큰 카테고리로만 직원을 뽑는 것이 아니라는 것을 알 수 있습니다. 네이버와 카카오의 채용 공고 일부를 살펴보겠습니다.

네이버	카카오
스노우 렌더링 엔진 개발자	카카오TV 동영상 서비스 iOS 개발자
로보틱스 소프트웨어 엔지니어	카카오스토리 안드로이드 개발자
네이버파이낸셜 데이터 사이언티스트	데이터 프로덕트 데이터 분석가
네이버클라우드 데이터센터 엔지니어	카카오톡 서버 개발자

네이버와 카카오의 공개 채용 공고

이 표를 보면 '네이버의 프런트엔드 엔지니어', '카카오의 프런트엔드 엔지니어'가 아니라 '어떤 서비스'의 '무엇'을 하는 엔지니어를 모집하는 것인지 알 수 있습니다. 이 차이는 중요합니다. 서비스의 특성과 역할에 따라 나의 장점을 발휘할 수도, 그렇지 못할 수도 있습니다. 심지어 같은 직군이나 회사 내에서도 각 팀마다 채용 기준에 차이가 있습니다. 특히 팀 문화에 따라 팀 활동에 많이 참여하는 사람을 원하는 곳도 있고, 연구원처럼 깊이 있는 분석을 할 줄 아는 사람을 원하는 곳도 있습니다. 따라서 프로그래밍 실력도 중요하지만, 내 장점이 특정 서비스에 어떤 가치를 더할 수 있는지 이해하는 것도 매우 중요합니다.

내가 해결하고 싶은 문제를 풀면서 원하는 직군과 회사에서 일하기 위해서는 우선순위가 높은 역량과 학습 방향을 직접 파악해야 합니다. 따라서 학생 시절부터 나에게 가장 우선순위가 높은 역량을 파악하고 이를 기반으로 성장하는 사이클을 만드는 것이 중요합니다.

N사 공간 플랫폼 프런트엔드팀에 도전한 슬의 이야기

다음은 슬이 겪은 사례입니다.

• 인맥을 동원하여 팀에 대한 정보를 얻다

슬은 N사의 공간 플랫폼 프런트엔드 개발자로 일하고 싶었습니다. 그래서 먼저 아는 인맥을 총동원해서 N사 관련 팀에 연락할 수 있는 사람이 있는지부터 파악했습니다. 링크드인이나 페이스북에서 검색하면 해당 팀의 구성원을 쉽게 찾을 수 있습니다. 그렇게 지인에게 N사 공간 플랫폼의 문화, 인재상에 대해 궁금한 점들을 물어봤습니다(만약 지인이 없었다면 콜드 메일로 연락했을 겁니다). 그리고 다음 질문을 통해 그 부서에서 중시하는 역량 중심으로 이력서와 포트폴리오를 재정비할 수 있었습니다.

- 팀 문화는 어떤지
- 테스트 코드를 작성하는지
- PR 리뷰는 어떻게 진행하는지
- 현재 팀에서 가장 목말라 하는 역량은 무엇인지

지인을 통해 해당 팀은 결속력을 다지기 위한 워크숍 같은 활동을 많이 한다는 것을 알 수 있었습니다. 또한 팀원 모두 테스트의 중요성에 대해 깊이 공감하고 있으며 테스트 시스템을 구축하는 단계라는 것도 알게 되었습니다. 이미 완성된 테스트 코드 수정이 주 업무가 아니라 초반부터 함께 활발히 토론하며 만들어나가는 단계라 시스템에 크게 기여할 수 있다는 점이 흥미로웠습니다. 또 꼭 세 명 이상의 팀원으로부터 코드 리뷰를 받아야 한다는 규칙을 갖고 있었습니다. 슬은 팀의 테스트 코드와 코드 리뷰 문화에 매력을 느꼈고 슬의 성향이 해당 팀과 잘 맞을 거라고 확신했습니다.

- **팀이 원하는 역량을 먼저 파악해서 공략하다**

슬은 이 팀에 매력을 느꼈기 때문에 팀에서 가장 목말라 하는 역량을 키우기 위한 전략을 세웠습니다. 먼저 해당 부서가 운영하는 웹페이지에 접속해 개발자 도구를 켜보니 앵귤러Angular 프레임워크를 사용하고 있다는 것을 확인할 수 있었습니다. 덕분에 면접 전에 앵귤러에 대한 기본 지식을 학습했고 앵귤러와 유사하게 HTML 템플릿을 쓰던 뷰Vue로 토이 프로젝트를 만들며 포트폴리오에 반영했습니다. 당시에는 리액트React가 프런트엔드 트렌드로 떠오르고 있던 때라 사전 조사가 없었다면 앵귤러나 뷰보다 리액트를 준비했을 텐데, 그랬다면 해당 팀에서 원하는 역량을 강조하기 어려웠을 것입니다.

슬이 만든 토이 프로젝트는 지도를 기반으로 스터디 그룹을 만들 수 있는 서비스였습니다. '스터디 장소 검색 및 생성' 토이 프로젝트가 공간 플랫폼 부서의 도메인과 연결된 점, 프런트엔드 라이브러리로 뷰를 선택한 이유 등을 설명하면서 재미있게 코드 리뷰하듯이 면접을 진행했습니다. 토이 프로젝트를 만들면 스스로도 관련 분야와 적성이 맞는지 파악할 수 있고 면접 때 면접관들과 공감대를 형성하기도 좋습니다.

채용 공고에 있는 모든 요건을 충족하는 사람은 거의 없습니다. 그러므로 채용 공고에서 어떤 것이 '더' 중요한지 파악하고 중요한 역량을 먼저 채운 후 '나머지 역량은 어떠한 방향으로 점진적으로 성장시키려고 한다'는 가능성을 보여주는 것이 중요합니다. 슬도 회사 공고에 포함된 단어를 자기소개서에 사용함으로써 공고를 열심히 봤으며 슬 자신이 모집 조건에 딱 부합하는 인재라는 것을 강조했습니다. 이런 과정을 거치면서 그 팀을 위해 태어난 사람처럼 이력서와 포트폴리오를 작성할 수 있었습니다.

거꾸로 학습하는 습관은 매우 중요합니다. 문제 해결에 필요한 역량을 적극적으로 찾아서 학습하는 사이클을 만들지 않는다면 학생

때뿐 아니라 직장인이 되어서도 열심히 하는 것과 상관없이 성장 속도가 느리다고 느낄 수 있습니다. 그러므로 가장 중요한 것부터 먼저 학습하는 습관을 형성하는 것이 좋습니다. 많은 양의 공부보다 더 중요한 것은 효율적이고 똑똑한 방식으로 공부하는 것입니다. 프로그래밍 관련 정보는 너무 방대하기 때문에 무조건 많이 하는 것은 오히려 효율이 떨어집니다. 그리고 그렇게 접근하면 번아웃에 빠지기도 쉽습니다.

지금까지 무작정 학습부터 시작하는 것보다 가고 싶은 방향과 구체적인 미래의 모습을 먼저 그려보는 것이 중요하다고 이야기했습니다. 미래 모습을 상상하는 것이 중요한 이유는 내가 열심히 달릴 때 '제대로 목표에 다가가고 있는가'라는 질문을 스스로 던지고 피드백할 수 있어야 하기 때문입니다. 내가 어떤 방향으로 걸어가는지 그 모습을 최대한 구체적으로 그려보세요. 그리고 한 걸음씩 내디디면 됩니다. 목표가 명확한 상태의 발걸음은 큰 자신감을 만듭니다. 어디로 가야 할지 막연하고 어렵게 느껴진다면 피드백과 함께 다음 단계를 점진적으로 밟아나가기 바랍니다.

무엇부터
만들어야 할까

미션

😎 내가 만들고 싶은 앱 리스트 작성하기

😎 동작 가능한 가장 작은 버전의 요구 사항 만들기

😎 동작 가능한 가장 작은 버전 구현하기

동작 가능한 가장 작은 버전 만들기

지금 당장 우리가 평소에 사용하는 서비스 수준의 앱을 개발해야 한다고 생각하면 막막한 기분이 들 수 있습니다. 왜냐하면 그 서비스들은 정말 많은 기획자, 디자이너, 개발자가 심혈을 기울인 작품이기 때문입니다. 앱을 만들기 위해 어떤 것부터 시작해야 할지 감이 잡히지 않을 때는 '동작 가능한 가장 작은 버전'부터 만들어보세요. 그 이유는 작은 문제부터 해결하면 핵심 기능에 대해 더 빠르게 피드백받을 수 있기 때문입니다.

우리가 실제로 개발하는 소프트웨어는 책이나 강의의 예제와는 다르게, 완성된 모습을 처음부터 완벽하게 상상하기 어렵습니다. 사용자의 요구 사항과 상황이 계속 변하기 때문입니다. 이런 불확실성에 대응하기 위해 개발자는 핵심 기능을 먼저 빠르게 구현해보고 사용자의 피드백을 받으면서 소프트웨어를 점진적으로 발전시킬 수 있어야 합니다. 그래서 학습할 때부터 전체를 다 완성하지 못하더라도 언제나 핵심 기능이 동작하도록 '동작 가능한 가장 작은 버전'부터 만드는 연습을 해야 합니다. 이런 접근은 학습할 때와 실제 소프트웨어를 개발할 때 모두 더 빠르고 지속적인 피드백을 가능하게 합니다.

동작 가능한 가장 작은 버전의 일례로 다음과 같은 계산기 앱을 만들어보겠습니다.

계산기 앱 완성 화면

이렇게 화면만 보면 버튼부터 만들어야 할지, 계산 결과를 나타내는 화면부터 만들어야 할지 막막할 수 있습니다. 이때는 먼저 이 앱의 핵심 기능이 무엇이고 그것을 동작시키기 위한 가장 작은 버전은 무엇인지부터 고민해봐야 합니다.

계산기의 핵심 기능은 덧셈, 뺄셈, 곱셈, 나눗셈과 같은 연산 기능입니다. 그렇다면 연산 기능이 동작하기 위한 최소한의 조건은 무엇일까요? 바로 두 개의 숫자를 연산하는 것입니다. 그러므로 우리는 '두 개의 숫자로 연산할 수 있는 기능'이 포함된 가장 작은 규모의 앱부터 만들면 됩니다. 이렇게 시작한 버전은 작아도 괜찮습니다. 이 버전에 가장 중요한 핵심 기능이 포함되어 있기 때문입니다.

STEP 1 핵심 기능 구현

두 개의 숫자 연산을 위한 UI

핵심 기능만 동작하는 가장 단순한 버전을 만들어본다면 숫자를 입력할 수 있는 입력창 두 개, 연산을 시작하는 제출 버튼 한 개, 결 괏값을 보여주는 창 한 개만 있는 상태로 구현할 수 있습니다. 그러면 원하던 디자인은 아니지만 가장 핵심적인 기능을 구현할 수 있습니다.

연산 기능이 제대로 동작하는지 먼저 확인하지 않으면 계산기의 기본 기능도 없는 상황에서 버튼의 색상이나 위치를 정하는 데만 시간을 낭비할 수 있습니다. 물론 나중에는 시각적인 부분까지 구현해야 하지만, 우선 계산기의 핵심 기능인 연산에 집중해야 합니다. 이렇게 최소한의 학습과 구현을 통해 핵심 기능을 가장 먼저 테스트하며 단순하게 접근하면 됩니다.

STEP 2 연계 기능 확장

숫자 버튼을 클릭하여 두 개의 숫자를 연산하기 위한 UI

STEP 1에서 두 개의 숫자에 대한 핵심 로직이 동작하는 것을 확인했습니다. 이제 숫자 입력 창을 버튼 UI로 변경할 단계입니다. 여기서는 자릿수와 연산자 순서를 고려한 기능까지 구현해볼 수 있습니다. STEP 1에서 연산이 가능하다는 것을 확인했기 때문에 이 단계에서는 숫자와 연산 버튼의 클릭 순서 같은 부분만 고려하면 됩니다.

STEP 3 레이아웃 구현

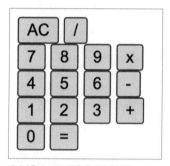

레이아웃과 AC 버튼을 추가하여 만든 UI

이 단계에서는 계산기의 레이아웃을 정하고 기존에는 없던 AC 버튼을 추가합니다. 핵심 기능은 앞 단계에서 모두 만들었기 때문에 이제 초기화를 위한 AC 버튼이 정상적으로 동작하는지만 테스트하면 됩니다. 핵심 기능부터 만들고 각 단계에서 한 가지 기능에만 집중했기 때문에 무엇부터 구현해야 할지 몰라 막막했던 느낌을 해소할 수 있습니다. 게다가 앞 단계에서 작은 버전을 성공적으로 구현했다는 자신감을 갖고 다음 단계를 시작할 수 있습니다.

STEP 4 스타일 적용

스타일을 적용한 계산기

　　STEP 3까지의 기능을 모두 구현했다면 마지막 단계에서 버튼
색깔이나 크기와 같은 스타일까지 적용함으로써 완성된 버전을 만
들 수 있습니다. 만약 처음부터 숫자 버튼을 만들고 스타일링하는
데 집중했다면 핵심 로직은 마지막에 검증했을 것입니다. 그러면
가장 중요한 기능에 대한 동작과 테스트도 마지막에 할 수밖에 없는
데, 이때 실수하면 가장 복잡한 상태에서 버그를 발견하게 됩니다.
아직 프로그래밍이 능숙하지 않은 상태에서 복잡한 조건에 있는 문
제를 수정하는 것은 어려운 일입니다. 그러므로 가장 핵심적인 것
부터 구현하는 것이 중요합니다. 그래야 최소한의 학습으로 가장

중요한 부분에 대한 피드백을 빨리 받을 수 있고 자신감을 가질 수 있습니다.

사용자 피드백받기

동작할 수 있는 가장 작은 버전으로 프로그래밍을 시작하면 크게 두 가지 장점을 얻을 수 있습니다. 첫 번째 장점은 핵심 기능에 집중함으로써 학습 범위가 줄어들고 우선순위가 명확해진다는 것입니다. 여기서는 계산기를 예로 들었는데, 첫 단계는 최종 단계의 모습보다 스타일이 투박하고 구현하기가 더 쉽습니다.

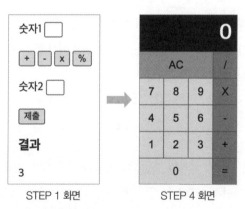

STEP 1 화면   STEP 4 화면

STEP 1은 훨씬 단순하지만 핵심 기능을 먼저 동작시켜볼 수 있다.

두 번째 장점은 기능에 대해 사용자의 피드백을 받을 수 있다는 것입니다. 초보자가 만든 앱은 사용자 피드백을 구하기가 어렵다고 생각할 수도 있습니다. 하지만 사실 나 자신도 사용자가 될 수 있습니다. 나부터가 앱을 사용해보며 핵심 기능을 직접 테스트하는 것이 중요합니다. 실제 소프트웨어 개발 실무에서도 동작 가능한 가장 작은 앱을 만든 후 사용자의 피드백을 받아 기능을 개선합니다. 그래야 사람들이 오래 사용하는 서비스를 만들 수 있습니다. 내가 열심히 고민해서 만들었어도 사람들이 사용하지 않거나 불편해하면 그 서비스는 사라집니다.

그래서 프로그래밍을 배울 때는 처음부터 큰 목표를 잡기보다는 나부터 사용할 수 있는 유용하고 작은 앱을 만들어 자주 개선하는 것이 더 효과적입니다. 이렇게 하면 학습 범위가 줄어들고 우선순위가 명확해집니다. 작게 만들고 직접 써보면서 핵심 기능부터 확장해나가는 것을 추천합니다.

지금까지 계산기 동작의 가장 작은 단위부터 만드는 방법을 학습했습니다. 이런 방식으로 다른 서비스도 만들어보세요. 예를 들어 투두 리스트 앱을 만들고 싶다면 먼저 딱 한 개의 항목을 관리할 수 있도록 만듭니다. 그러면 오늘 내가 한 일 중 가장 중요한 일 한 가지만 작성하여 체크할 수 있습니다. 이 기능이 동작하는 것을 확인한 후에 리스트 개수를 늘리는 방식으로 앱을 완성하는 것입니다. 또 나를 위한 투 두 리스트를 완성했다면 그 다음 단계에서는 여러 사람의 투 두 리스트가 한 번에 보이도록 만들 수도 있습니다.

작은 단위로 완성해나가는 기쁨을 느끼고 사용자 피드백을 반영하는 과정에서 새로운 지식과 기술을 학습해보세요. 그러면 피드백을 받는 과정이 더 즐거워질 것입니다.

어떻게
피드백을 요청할까

미션

- 😆 스택오버플로에 답변이 많이 달리는 질문 한 개 이상 올리기
- 😆 온라인 스터디를 두 개 이상 찾고 각 스터디의 핵심 목적 적어보기
- 😆 커뮤니티에서 현명한 방식으로 도움을 요청한 질문 한 개 이상 골라보기

피드백을 적극적으로 요청해야 하는 이유

학습 환경을 정했으니 이제 그곳에 모든 것을 위임한 채 커리큘럼만 열심히 따라가면 된다고 생각한다면 오산입니다. 피드백을 자주 주고받을 수 있는 환경보다 더 중요한 것은 피드백을 요청하는 방법입니다.

예를 들어 '이게 안 되는데 피드백 좀 주세요'라고 막연하게 요청하면 구체적으로 어떤 문제를 해결하려는지가 명확하게 드러나 있지 않아 도와주기 어렵습니다. 설령 답을 받았더라도 내가 원하는

답일 확률은 낮습니다. 질문자가 어떻게 질문하는지에 따라 받을 수 있는 피드백의 범위와 질이 완전히 달라지므로 피드백을 효과적으로 받기 위해서는 질문을 '똑똑하게' 해야 합니다. 피드백을 요청할 때는 목적을 분명히 하고 현재 상황을 구체적으로 설명하며 서로 이해한 내용이 일치하는지 확인하는 과정을 거쳐야 합니다. 또 현재 하고 있는 활동이 내가 설정했던 목적과 일치하는지, 원하는 길로 가고 있는지 주기적으로 확인하며 다른 방향으로 빠지지 않도록 해야 합니다.

피드백을 받기 위한 학습 전략

다른 사람과 함께 학습하면 다양한 학습 방법을 배우고 피드백을 주고받으며 상호작용하는 이점을 누릴 수 있습니다. 그래서 개발자 커뮤니티와 같은 곳에서는 같이 공부할 사람을 모집하는 경우가 많고 대부분 쉽게 참여할 수 있습니다. 만약 내가 딱 원하는 스터디가 없다면 직접 만드는 것도 좋습니다. 새로운 스터디를 찾을 수 있는 커뮤니티로는 OKKY, 인프런, 페이스북 등이 있습니다. 사실 커뮤니티 한 곳에만 들어가도 정보가 이어지면서 나에게 맞는 스터디를 찾을 수 있는 플랫폼으로 연결되는 경우가 많습니다. 일단 한 군데라도 들어가서 문을 두드려보기 바랍니다.

스터디 내에서의 피드백 전략

스터디를 진행할 때는 정기적인 체크를 통해 목표를 명확히 하여 스터디 방향을 유지하는 것이 중요합니다. 이를 통해 지속적인 동기 부여와 함께 목표 달성에 필요한 집중력을 유지할 수 있습니다.

목표 설정

함께할 스터디원을 모집했다면 본격적으로 스터디를 시작하기 전에 모든 스터디원이 논의하여 스터디의 기간과 목적을 설정하는 것이 중요합니다. 결과가 아무리 좋아도 미리 명확한 기간과 목적을 정해놓지 않고 진행하면 실패했다는 느낌이 들기 쉽습니다. 스터디의 성공 여부는 구체적이고 명확한 목적이 있는지에 달려 있습니다.

예를 들어 '자바스크립트 뽀개기'와 같이 목표를 거창하게 설정하면 흐지부지 끝나버립니다. 'x 기간 안에 y 구현하기'와 같이 구체적이어야 목표를 이룰 수 있을 뿐 아니라 내가 주도적으로 끌어간다는 자신감을 얻을 수 있습니다. 또는 '자바스크립트 기본서에서 모르는 개념을 다룬 챕터 네 개를 한 달간 공부한 후 예제를 통해 설명할 수 있을 정도로 학습하기'와 같은 식으로 학습 내용과 목적을 구체적으로 정하고 우선순위를 매겨야 합니다. 그리고 이때 기간도 너무 길게 가져가기보다는 짧은 시간, 예를 들면 한 달 이내로 몰입하는 것을 추천합니다. 기간이 길어지면 결원이 생길 수 있는데 그럴 경우 처음의 열정을 가지고 끝까지 마무리하기 어렵습니다.

주기적인 목적 확인

스터디의 목적을 정했다면 주기적으로 확인하는 스케줄을 확보해야 합니다. 목적을 정할 때는 명확했지만 시간이 지나면서 목적이 무엇이었는지 헷갈리는 경우가 많습니다. 목적이 헷갈리기 시작하면 스터디가 산으로 가기 십상이므로 아예 시작 전에 '일주일에 한 번 회고를 통해 목적을 확인한다' 등의 루틴을 정하는 것이 좋습니다. 길 찾기를 통해 맛집을 찾아갈 때 지도에서 나의 현 위치와 목적지를 계속 확인하며 나아가듯이, 주기적으로 진행 상황과 목적지를 체크하며 내가 지금 하는 활동이 전체적인 맥락에서 어떤 부분을 차지하는지 파악하고 있어야 처음에 설정한 목적과 결과가 달라지는 상황을 방지할 수 있습니다.

똑똑하게 질문하는 전략

스터디와 같이 다른 사람과 함께 학습하는 환경에 참여했다면 그들의 지식을 내 것으로 흡수할 수 있어야 합니다. 내가 모르는 것을 다른 사람에게 물어보기 어려워하는 사람이 있습니다. 하지만 내가 한 시간 이상 고민했을 때 답이 나오지 않는 문제는 더 고민해도 해결되지 않을 수 있습니다. 지금 당장은 스스로 해결하기 힘든 어려운 난도의 문제를 맞닥뜨린 것입니다. 이럴 때는 다른 사람에게 도움을 요청하거나 질문하는 것이 매우 효과적입니다. 질문을 잘하고 싶다면 다음 세 가지를 고려해보세요.

#1 성의 있게 질문하기

사회 초년생일 때는 주변에 도움이나 조언을 많이 요청합니다. 이때 꼭 기억해야 할 점은 '바보 같은 질문'은 없다는 사실입니다. 하지만 '성의 없는 질문'은 있습니다. 내가 원하는 대답을 디 뻴티 협력적으로 얻으려면 질문을 성의 있게 해야 합니다. 질문할 때 그냥 '어떻게 해요?'가 아니라 현재 상황, 시도한 내용, 해결하고자 하는 목표 등을 전달해야 다른 사람의 도움을 더 협력적으로 받을 수 있습니다.

예를 들어 화면을 새로고침했더니 페이지에 있던 데이터가 보이지 않게 되었다고 가정해보겠습니다. 이런 경우 다음과 같이 질문할 수 있습니다.

"현재 A 기능을 구현 중인데 사파리에서 사용자가 링크를 클릭하고 화면을 새로 고침해도 로딩 바가 계속 남아 있는 문제가 있어요. 로컬 환경에서는 잘 동작하는데 베타로 배포한 페이지에서는 계속 문제가 발생합니다. 제가 생각하는 원인은 ㅇㅇ인데 생각보다 잘 해결되지 않네요. 사용하는 라이브러리를 디버깅해봐야 할까요? 아니면 다른 원인이 있을까요?"

이런 식으로 시행착오 과정을 설명하는 방법을 러버덕 디버깅 rubber duck debugging이라고 합니다. 어떤 오류가 발생했을 때 질문하기 전에 책상 위의 고무 오리에게 발생한 문제를 처음부터 설명하고 다시 해결해보는 방법입니다. 그러면 놀랍게도 문제가 해결되는 경우가 많습니다. 오류가 발생하면 무의식적으로 오류 현상에만 집중하게 되는데, 메타인지적으로 한 발짝 떨어져 문제 상황을 정리하면 그 문제를 다시 바라볼 수 있기 때문입니다.

마찬가지로 다른 사람에게 내가 마주한 문제를 차분히 설명하면 그들은 나에게 부족했던 지식과 시선으로 문제를 파악하여 도움을 줄 수 있습니다. 그리고 이 과정에서 답변해주는 사람은 나 대신 일을 해결해주거나 답을 바로 알려주는 사람이 아니라 문제 해결 과정을 같이 경험하는 동료입니다.

똑똑하게 질문하는 것 못지 않게 스택오버플로 같은 커뮤니티에 올라온 질문에 직접 답하는 활동도 성장하는 데 큰 도움이 됩니다. 러버덕 디버깅 시 문제 해결 과정을 처음부터 쭉 설명하듯이 다른 이의 질문에 답할 때도 상대방이 알 거라는 가정하에 간단한 단계들을 그냥 넘어가지 말고 모든 단계에 대해 설명하는 편이 좋습니다. 이렇게 하면 질문한 사람에게 답변을 달아 도움을 줄 수도 있고 내가 이미 알던 정보를 더 탄탄하게 다질 수도 있습니다. 그래서 질문하고 답변하는 과정은 묻는 사람과 답하는 사람 모두에게 도움이 됩니다.

#2 스타일보다는 구체적인 해결 방안 질문하기

하나의 기능을 구현하는 방법에도 여러 가지가 있을 수 있습니다.

"제가 구현한 방식이 맞나요?"

"이 코드 어떤가요?"

이와 같은 식으로 스타일에 초점을 맞춰 질문하면 답하기가 애매합니다. 스타일 질문에 대한 답변은 하나의 해결 방안을 제안하는 것이지 정답은 아니기 때문에 자신기도 팀빈사도 정답 없는 문제로 많은 시간을 소비할 수 있습니다.

그러므로 스타일에 대한 질문보다는 다음과 같이 다른 관점과 해결 방안에 대해 질문하는 것이 좋습니다.

"저는 이런 방식으로 구현했는데 혹시 다른 방법이 있을까요?"

"이런 방식으로 구현하니 생각보다 문제 해결이 쉽지 않네요. 어떻게 해결할 수 있을까요?"

이렇게 좋은 질문으로 도움을 요청하는 것은 매우 중요합니다. 슬의 회사에서는 한 명이 10의 일을 하는 것보다 두세 명이 함께 10의 일을 하는 것을 더 가치 있게 여깁니다. 같은 결과가 나오는 일을 하더라도 다른 사람과 함께 만들 경우 질문하는 역량이 길러지고 서로의 전문성도 전이되기 때문입니다. 훌륭한 엔지니어에 대한 오해 중 하나가 아는 게 많아서 도움을 요청할 일이 별로 없을 것이라는 점입니다. 그러나 훌륭한 엔지니어는 주변에 도움을 구하는 것 또한 현명하게 잘합니다. 그러므로 학습하는 단계부터 이 습관을 만들어두면 추후 여러분의 필살기가 될 것입니다.

#3 이해 내용의 싱크 맞추기

마지막으로 알아두어야 할 사항은 누군가 답해준 내용에 대해 내가 이해한 것이 맞는지 요약해서 다시 물어봐야 한다는 것입니다. 분명 상대방이 이해했다고 생각했는데 알고 보니 전혀 다른 생각을 하고 있었던 경우가 종종 있습니다.

이러한 오해를 방지하려면 내가 이해한 내용을 간결하게 정리하여 '제가 이해한 내용이 맞나요?'라고 확인하는 것이 중요합니다. 이는 가장 명확하게 서로의 생각을 맞추는 방법입니다. 예를 들어 '그 프로젝트의 리스트 부분을 비동기로 처리해주세요'라는 요청을 받았을 경우 '투 두 리스트를 구현하는 프로젝트에서 처음 진입했을 때 보이는 메인 페이지의 리스트를 말씀하시는 것이 맞나요?'라고 되물어 서로의 커뮤니케이션이 일치하는지 확인해야 합니다. 이렇게 서로 이해한 내용을 확인함으로써 오해로 인한 시간 낭비를 방지할 수 있습니다.

다른 사람에게 도움을 요청할 때는 현재 내가 어떤 상황이고 무엇을 얻고 싶어 하는지 그 목적과 의도를 명확히 전달하세요. 코딩 질문을 할 때도 나의 상황과 시도해본 방법들을 구체적으로 설명하고 원하는 결과에 대해 구체적으로 서술할수록 피드백이 수월해집니다. 또 내가 답변할 때도 질문의 목적과 구체적인 해결 방안에 집중하여 답변한다면 더 의미 있는 피드백을 주고받을 수 있습니다.

이는 내비게이션에서 목적지를 설정하고 그곳으로 올바르게 가고 있는지 안내를 받는 것과 비슷한 과정입니다. 목적지로 가는 길은 여러 갈래일 수 있습니다. 하지만 내비게이션을 활용해 가장 효율적인 경로를 찾고 그 길을 따라가며 정기적인 피드백을 받으면 더 빨리 목적지에 도달할 수 있습니다.

어떻게 다른 사람과 프로그래밍할까 - 페어 프로그래밍 편

미션
- 페어 프로그래밍 함께할 사람 모집하기
- 페어 프로그래밍을 하기 전 코딩 스타일을 정하고 투 두 리스트 작성하기
- 페어 프로그래밍 진행 후 회고하기

페어 프로그래밍을 해야 하는 이유

실제 프로그래밍하는 과정에서 가장 기억에 남는 순간을 꼽으라면 페어 프로그래밍이라고 말할 수 있습니다. 몇 시간, 때로는 며칠 동안 혼자 고민하던 문제를 다른 사람과 함께 풀었더니 순식간에 해결되는 경우가 많기 때문입니다. 그뿐 아니라 책이나 동영상 강의에서는 익히기 어려웠던 유용한 프로그래밍 도구, 문제를 검색하고 해결하는 방법, 단축키 사용 방법 등 사소한 것 같지만 굉장히 도움이 되는 내용도 배울 수 있었습니다. 실제로 페어 프로그래밍은 서

로의 전문성과 경험을 통해 함께 성장하고 어려운 문제를 더 잘 풀
어내며 실수를 줄이는 데 많은 도움이 됩니다.

네비게이터와 드라이버

　페어 프로그래밍은 두 사람이 한 대의 컴퓨터 앞에 앉아 키보드
를 번갈아 사용하면서 프로그램을 같이 만드는 것입니다. 처음에는
두 사람이 하나의 컴퓨터로 프로그래밍하는 것이 비효율적으로 보
일 수 있습니다. 하지만 페어 프로그래밍을 하면 오류를 빨리 탐지
하여 버그 수를 줄일 수 있고 팀원 간의 신뢰가 높아지며 더 읽기 좋
은 코드를 만들 확률이 높아집니다. 이런 결과물을 만들 수 있는 이
유는 페어 프로그래밍을 통해 코드를 작성하는 과정에서 정말 많은
피드백을 주고받기 때문입니다.

내비게이터와 드라이버의 역할

페어 프로그래밍은 '내비게이터'와 '드라이버'라는 두 가지 역할로 나누어 진행합니다. 드라이버는 키보드를 직접 잡고 프로그램을 작성하는 역할을 합니다. 내비게이터는 내비게이션처럼 전체 지도를 보며 목적지까지 제대로 갈 수 있게 확인하는 역할을 합니다.

페어 프로그래밍

드라이버가 프로그래밍을 잘못하거나 의문점이 생기는 상황을 만들면 내비게이터는 이 사실을 파악하고 드라이버에게 알려줘야 합니다. 드라이버는 코딩 자체의 디테일에 몰입하느라 전체적인 그림을 보지 못할 수 있고 예기치 못한 버그나 전체 구조에 결함을 초래하는 여러 버그를 만들 수도 있는데, 이때 내비게이터가 상황과 코드를 전체적으로 살펴보고 피드백을 줘야 합니다.

	내비게이터	드라이버
역할	전체 지도를 보며 목적지에 다다르는 길을 안내한다.	직접 운전대를 잡고 운전한다.
행동	운전 과정 중에 의문이 드는 점이나 잘못 흘러가는 상황을 대화로 바로잡는다.	운전 중 현재 진행하는 것을 말로 표현하고 내비게이터와 대화한다.

내비게이터와 드라이버의 역할과 행동

　　이때 드라이버는 프로그래밍 중간중간 내비게이터에게 진행 상황을 물어보고, 내비게이터의 안내에 따라 프로그래밍 방향을 조정합니다. 이렇게 빈빈하게 피드백을 주고받다 보면 혼자라면 보지 못했을 부분을 빠르게 탐지하고 조정할 수 있습니다. 또 대화를 많이 하기 때문에 서로의 커뮤니케이션 스타일이나 사고방식 등을 자연스럽게 알 수 있고 그 과정에서 팀원과 더 효율적으로 소통하는 방식도 발견할 수 있습니다.

　　간혹 갈등이 생기는 경우가 있는데 걱정할 필요는 없습니다. 오히려 갈등이 커지기 전에 작은 갈등을 빠르게 겪고 해결하는 경험을 통해 서로에 대한 신뢰를 높일 수 있습니다. 그래서 페어 프로그래밍을 하면 팀워크가 탄탄해지는 경우가 많습니다.

페어 프로그래밍 시 주의할 점

이렇게 좋은 효과를 얻을 수 있는 페어 프로그래밍을 진행할 때는 다음과 같은 세 가지 사항을 주의해야 합니다.

첫 번째로 한 사람이 한 가지 역할을 오래 하지 않아야 합니다. 즉, 드라이버와 내비게이터 역할을 짧게 번갈아 맡는 것이 중요합니다. 특히 페어 프로그래밍이 처음이라면 5분 정도로 짧게 진행하는 것이 좋습니다. 이렇게 짧은 주기로 교대하면 자연스럽게 더 작은 단위로 피드백을 주고받을 수 있습니다.

두 번째로 수평 관계를 유지해야 합니다. 두 사람의 실력은 차이가 날 수밖에 없습니다. 이때 잘하는 사람이 혼자서만 진도를 나가거나 잘 모르는 사람에게 무안을 주면 다른 한 명은 점점 피드백을 줄 용기를 잃습니다. 숙련된 사람도 오류를 범할 수 있으므로 서로가 수평적 관계에서 솔직하게 의견을 나눌 수 있어야 합니다. 그래서 서로 존중하는 마음으로 수평 관계를 유지해야 합니다.

마지막으로 문제를 명확하게 정의하고 요구 사항을 함께 정리해야 합니다. 페어 프로그래밍은 두 사람이 함께하는 것이므로 목적을 명확히 하지 않으면 서로 다른 기대치를 갖고 코딩하게 될 수 있습니다. 그러므로 구현해야 할 요구 사항을 체크리스트로 미리 만들어두는 것이 좋습니다. 그러면 그 결과물을 하나씩 만들기 위한 대화가 자연스럽게 이어질 것입니다.

페어 프로그래밍을 더 잘하는 방법

페어 프로그래밍을 효과적으로 하려면 함께 회고하고 서로만의 실행 방법을 만드는 것이 좋습니다. 실제로 페어 프로그래밍을 잘 진행하는 사람들은 페어 프로그래밍 시작 전, 진행 중, 진행 후 3단계로 나누어 더 의미 있는 시간을 만들기 위해 고민합니다.

페어 프로그래밍 시작 전

일단 협력할 페어 프로그래밍 대상자와 어떤 스타일로 프로그래밍을 진행할지 살펴봐야 합니다. 천천히 고민하면서 코딩하는 사람도 있고 빠르게 코딩하는 사람도 있는 것처럼 서로의 스타일을 파악하는 것은 매우 중요합니다. 이러한 사항들을 논의하지 않고 시작하면 서로의 작업 방식에 대해 불편함을 느낄 수 있습니다. 그리고 쉬는 시간과 같은 규칙도 정할 수 있습니다. 보통은 이때 몇 분 단위로 페어 프로그래밍을 진행할지도 정합니다.

페어 프로그래밍 진행 도중 다른 의견이 생기면 언제든 합의하여 변경할 수 있습니다. 시작을 위한 규칙을 함께 만들어보세요.

다음은 코딩 스타일 규칙의 예시입니다.

코딩 스타일 규칙

- 하나의 함수는 15줄 이하로 만든다.
- 함수의 이름은 동사로 시작한다.
- 변수의 네이밍은 camel case로 한다.

그러고 나서 페어 프로그래밍을 통해 해결해야 할 요구 사항을 투 두 리스트로 만드는 것도 좋습니다. 투 두 리스트를 작성하고 함께 해결할 문제들을 정의함으로써 페어 프로그래밍의 목표를 분명히 하고 효율적으로 소통할 수 있습니다. 예를 들어 계산기를 구현한다고 하면 다음과 같이 투 두 리스트를 적어볼 수 있습니다.

계산기 앱 기능 투 두 리스트

- 두 개의 숫자에 대해 덧셈이 가능하다.
- 두 개의 숫자에 대해 뺄셈이 가능하다.
- 두 개의 숫자에 대해 곱셈이 가능하다.
- 두 개의 숫자에 대해 나눗셈이 가능하다.
- AC 버튼을 누르면 0으로 초기화한다.
- 숫자는 한 번에 최대 세 자릿수까지 입력할 수 있다.
- 계산 결과를 표현할 때 소수점 이하는 버린다.

페어 프로그래밍 진행 중

페어 프로그래밍 진행 중 가장 중요한 부분은 '편하게 이야기를 나누는 것'입니다. 예를 들어 기본 개념을 몰라서 창피하다거나 해결책이 떠오르지 않는데 이야기해도 될지 고민이 되더라도 서로 편하게 말할 수 있어야 합니다. 처음에는 막연하다는 생각 때문에 말하지 않았는데 한참 후에 문제가 커지면 수정하는 데 오래 걸릴 수 있기 때문입니다. 따라서 의문이 드는 점에 대해 이야기를 주고받은 후 그것이 중요한 문제라면 빨리 함께 해결하는 것이 중요합니다. 그래서 용기를 내 이야기를 꺼냈거나 누군가 문제를 주도적으로 잘 해결했다면 서로를 칭찬해주는 것이 좋습니다. 만약 특정 방법이 잘 진행되지 않는다면 페어 프로그래밍을 잠깐 멈춘 다음 10분 이내로 짧게 회고하고 진행하는 것도 좋은 방법입니다.

다음 예시는 페어 프로그래밍으로 계산기의 덧셈 기능을 구현하는 과정입니다. 페어 프로그래밍을 어떻게 진행할지 막막하다면 이 예시를 참고하세요.

드라이버 시작할까요? 두 숫자를 입력받아 덧셈 결과를 반환하는 간단한 함수부터 만들어보겠습니다.

```
def sum(num1, num2):
    result = num1 + num2
    return result
```

내비게이터 잘 작성했네요! 그런데 'result'라는 변수 없이 바로 덧셈 결과를 반환하면 어떨까요? 코드가 더 간결해질 것 같아요.

드라이버 아, 그렇군요. 그게 더 깔끔해 보이네요. 수정해볼게요.

```
def sum(num1, num2):
    return num1 + num2
```

드라이버 수정했습니다. 이제 출력을 통해 제대로 작동하는지 확인하겠습니다.

내비게이터 좋아요! 그럼 3과 4를 더하는 케이스를 함께 확인해볼까요?

드라이버 네, 그럼 이렇게 작성해볼게요.

```
print(sum(3, 4))  # 출력 결과: 7
```

드라이버 와, 잘 동작하네요! 함께하니까 코드도 더 깔끔하고 문제 해결도 더 재밌는 것 같아요!

내비게이터 맞아요. 서로의 의견을 나누며 문제를 해결하는 건 정말 재미있는 경험이네요. 그럼 이제 뺄셈 기능을 함께 구현해볼까요?

페어 프로그래밍은 서로의 생각을 나누고 문제를 함께 해결하는 과정입니다. 이 과정을 통해 개발자들은 서로의 지식을 공유하고 불확실한 문제를 협력적으로 해결합니다.

페어 프로그래밍 이후

페어 프로그래밍 후에는 잊지 말고 회고해야 합니다. 우리의 페어 프로그래밍은 어땠는지, 하면서 어떤 점이 좋았고 어떤 점이 아쉬웠는지 등을 이야기하는 것입니다. 감사 인사도 전하고 서로에게서 배울 점이나 성장에 필요할 것 같은 이야기를 솔직하게 나누다 보면 자연스럽게 신뢰가 쌓입니다.

예를 들어 좋은 네이밍 제안이나 새로운 단축키 사용법을 알려준 것에 대한 고마움을 표현할 수도 있습니다. 이처럼 페어 프로그래밍 과정에서 서로 도움을 받았던 부분이 있다면 그 부분을 다시 한번 떠올리면서 이야기 나눌 경우 함께 성장하는 기쁨을 더 크게 느낄 수 있습니다.

그리고 이와 같은 회고는 좋은 경험을 더 많이 쌓을 수 있는 밑거름이 됩니다. 만약 아쉬움이 크게 남았다면 다시 기회가 주어질 때는 어떻게 진행할지 이야기를 나눠보는 것도 좋습니다. 그러면 다음에는 비슷한 실수를 줄일 수 있습니다. 아쉬움을 이야기하는 것은 쉽지 않지만, 사람에 대한 아쉬움이 아니라 페어 프로그래밍 방식을 개선하는 방향으로 대화의 맥락을 잡는다면 부드럽고 건설적인 피드백을 주고받을 수 있을 것입니다.

'함수 이름을 정할 때 아쉬웠다'고만 얘기하면 어떤 부분에서 아쉬웠는지 파악하기 어렵습니다. 그러므로 해당 상황을 더 자세히 설명하면서 개선 방향을 이야기한다면 액션 플랜이 훨씬 명확해집니다. 예를 들어 '페어 프로그래밍 도중에 함수 이름을 결정하기 어려웠는데 다음번에는 후보를 최소 세 가지 이상 두고 함께 결정하면 더 좋을 것 같다'와 같이 이야기하는 것입니다.

이처럼 구체적인 개선 방향을 함께 만들면 페어 프로그래밍을 다시 시도할 용기가 생깁니다. 그래서 페어 프로그래밍 과정이 좋은 경험이었든 아쉬운 경험이었든 회고를 통해 그 경험을 개선할 수 있습니다.

페어 프로그래밍은 개발 생산성과 협업 효과를 높입니다. 그래서 현업에서도 자주 진행합니다. 사실 프로그래밍 외에 문서화나 대량 메일 발송 시에도 짝으로 진행하는 경우가 많습니다. 함께 진행하면 실수를 줄일 수 있고 지루한 작업을 더 재미있게 할 수 있기 때문입니다. 물론 처음에는 페어 프로그래밍을 하는 것이 어색하고 막연할 수 있습니다. 막연함이 클수록 일단 작게 시작하는 것을 추천합니다. 간단한 알고리즘 문제 하나 정도를 풀어보거나 만들려는 소프트웨어의 요구 사항을 정리해보는 것입니다. 프로그래밍 과정에서 피드백을 자주 주고받다 보면 함께 개발하는 짝의 기술, 도구 및 접근 방식을 관찰하고 배울 기회가 많아집니다.

페어 프로그래밍을 두려워하지 말고 개발자로서 발전하고 성장하는 기회로 활용해보세요. 생각보다 많은 것을 배우고 발전할 수 있다는 사실에 놀랄 것입니다.

어떻게 다른 사람과 프로그래밍할까 - 코드 리뷰 편

미션

- 😖 내가 과거에 작성한 코드를 한 개 이상 깃허브에 업로드하고 코드 리뷰하기
- 😖 다른 사람의 코드에 1회 이상 코드 리뷰하기
- 😖 오픈 소스의 Pull Request에 1회 이상 코드 리뷰하기

코드 리뷰를 해야 하는 이유

코드 리뷰는 말 그대로 작성한 코드를 동료들이 함께 살펴보고 어떻게 하면 더 나은 코드가 될지 생각해보는 과정입니다. 내가 미처 떠올리지 못했거나 실수한 부분을 놓치지 않고 개선할 영역을 찾아낸다는 점에서 매우 중요합니다. 그래서 코드 리뷰는 소프트웨어 개발 프로세스에서 필수입니다. 실제 현업에서는 서비스를 런칭할 때 팀의 검증을 거친 최종 코드를 포함시킵니다. 서비스가 출시된 후 동작을 체크하면 이미 늦기 때문에 런칭 전에 코드 리뷰를 통해서

예상되는 피드백을 미리 받습니다. 이 과정을 통해 팀 단위로 페어 프로그래밍하는 효과를 얻을 수 있습니다. 많은 회사가 각자만의 코드 리뷰 문화를 갖고 있습니다. 준과 슬도 회사에서 중요하고 어려운 부분일수록 코드 리뷰를 깊이 있게 진행하면서 팀원들과 여러 명의 시선으로 코드를 개선하는 과정을 거칩니다. 이로써 하나의 코드가 개인의 것에서 팀의 코드로 거듭납니다.

코드 리뷰를 하면 내가 미처 발견하지 못한 예외 사항이나 버그를 팀원들이 함께 확인해줄 수 있습니다. 또한 코드 리뷰 과정에서 코드의 퀄리티만 향상되는 것이 아니라 서로의 실수와 부족한 부분을 채우면서 팀원 사이에 신뢰가 쌓이고 전문성을 배우는 경험도 할 수 있습니다. 이러한 장점 때문에 팀 단위의 개발 프로젝트뿐 아니라 전 세계 사람들이 프로그래밍하고 기여하는 오픈 소스 프로젝트에서도 코드 리뷰는 보편적인 문화로 자리 잡았습니다.

전 세계 사람들이 프로그래밍한 코드를 올리고 공유하는 깃허브*라는 사이트가 있습니다. 깃허브는 개발자가 작성한 코드를 공동 작업하고 관리할 수 있는 웹 기반의 플랫폼입니다. 깃허브에서는 작성한 코드에 대해 코드 리뷰를 남기는 것이 일반적입니다. 깃허브에는 내가 작성한 코드를 올리고 다른 사람에게 내 코드에 대한 피드백을 받는 '코드 리뷰' 기능이 있습니다. 웹페이지에서 코드 한

---

* http://www.github.com

줄 한 줄마다 댓글을 작성하는 겁니다. 이 기능을 통해 결함을 발견하고 더 나은 구조에 대한 피드백을 주고받으며 코드를 개선 및 관리할 수 있습니다.

깃허브 코드 리뷰 예시

보통 코드 리뷰는 깃허브에 소스 코드를 업로드한 후 진행합니다. 깃허브에서는 동료들과 코드 리뷰를 함께할 수 있고 수정한 내역도 쉽게 확인할 수 있습니다. 피드백을 남기고 싶은 부분에 마우스를 가져가면 [+] 버튼이 생기면서 코멘트를 남길 수 있습니다.

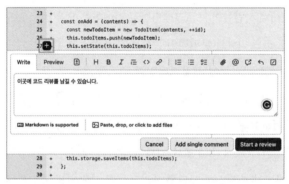

깃허브에서의 코드 리뷰

다음 그림과 같이 피드백을 남기면서 코드의 개선점, 버그 등을 함께 발견합니다.

코드 개선 방향 제안하기

질문을 통해 코드 작성 의도 물어보기

피드백을 요청한 사람은 피드백을 받은 후 어떻게 반영했는지 이야기하고 혹시 이해되지 않는 부분이 있다면 다시 질문하면서 소통합니다. 이때 서로 근거를 갖고 더 나은 방향성에 대해 이야기하며 서로의 경험과 지식을 자연스럽게 공유합니다.

효과적인 코드 리뷰 방법

코드 리뷰를 효과적으로 진행하기 위해서는 해결하려는 문제의 의도를 분명히 하고, 적극적으로 피드백을 나누며 서로의 생각을 반영하는 것이 중요합니다. 이러한 과정 후 회고를 통해 더 좋은 코드 리뷰 문화를 만들어나갈 수 있습니다.

해결하고 싶은 문제의 의도 드러내기

다른 사람에게 코드 리뷰를 요청하기 전에 해결하고 싶은 문제, 나의 해결 방법, 피드백받고 싶은 부분을 먼저 설명하는 것이 중요합니다. 이 내용들을 밝히면서 내가 가진 의도를 드러내야 나와 다른 의견, 더 개선할 만한 부분 등에 대해 조언을 얻을 수 있습니다. 그리고 의도를 설명하면서 내가 만든 코드를 복기하다가 문제를 해결하는 경우도 있습니다. 따라서 내가 먼저 코드를 복기한 후 다른 사람에게 피드백을 요청하는 것이 좋습니다.

코드 리뷰 과정에서 리액션하기

코드 리뷰에 꼭 개선점만 적어야 하는 것은 아닙니다. 칭찬을 하거나 궁금한 점을 묻는 등 다양한 주제로 소통할 수 있습니다. 물론 가장 중요한 것은 코드 리뷰를 요청한 사람이 피드백받고 싶은 부분을 중점적으로 이야기하는 것이지만, 그 외적인 부분의 소통도 중요합니다. 코드 리뷰를 요청한 사람의 코드에서 내가 배울 점들을 발견하는 경우도 많은데 그에 대해 칭찬을 남기고 궁금한 점도 남기면 많은 것을 배워갈 수 있습니다. 단, 이때도 질문을 똑똑하게 해야겠죠?

피드백을 받는 입장일 때는 다른 사람의 피드백에 적극적으로 반응하는 것이 중요합니다. 그래야 피드백을 주는 사람도 자신의 피드백이 어떤 의미가 있었는지 알 수 있습니다. 단순한 의견만 남긴 리뷰에는 이모지 같은 리액션을 남기고 정성(定性)적인 피드백이나 질문에는 그 피드백을 통해 내 코드를 어떻게 개선할 수 있었는지 남기는 것이 좋습니다. 추가 질문이 있는 경우 이야기를 계속 이어갈 수도 있습니다.

코드 리뷰 후 회고로 되돌아보기

코드 리뷰를 주고받으며 개선한 다음에도 짧게나마 회고하는 것이 좋습니다. 회고는 개인적으로 할 수도 있고 동료와 함께할 수도 있습니다. 개인적으로 회고한다면 내가 작성한 코드뿐 아니라 코드 리뷰 과정 자체에 대해서도 회고할 수 있습니다. 코드 리뷰 요청 시 내 의도를 잘 드러냈는지, 다른 사람의 코드에 리뷰했을 때 적절하게 리액션하고 의미 있는 피드백을 줬는지 되돌아보는 것입니다. 이때 너무 거창하게 회고하려고 하면 힘들고 부담스러운 작업이 됩니다. 따라서 다음에 내가 더 잘하고 싶은 부분은 무엇인지, 만족스러운 부분은 무엇이었는지 살펴보는 과정이라고 생각하는 것이 좋습니다.

동료와 함께 회고한다면 다음 코드 리뷰를 더 잘하기 위한 개선점에 대해 이야기하면서 다음과 같은 규칙을 만들 수도 있습니다.

- 비판보다 제안점과 개선 방향을 고민해서 리뷰 남기기
- 내 코드에 리뷰를 남긴 사람에게 이모지 등을 통해 확인했음을 알리기
- 꼭 반영했으면 하는 내용과 참고했으면 하는 내용을 구분하기

이렇게 규칙을 만들면 우리 팀만의 효과적인 코드 리뷰 프로세스가 만들어질 수 있습니다.

코드 리뷰 시 검토할 항목

코드 리뷰 시 여러 측면을 고려하게 되는데 일반적으로 다음 네 가지 내용을 검토합니다.

#1 이 코드가 어떤 문제를 해결하는가

코드 리뷰 시 가장 중요한 것은 이 코드가 어떤 문제를 해결하려고 하는지 이해하는 것입니다. 우리가 작성하는 모든 코드는 어떤 문제를 해결하기 위해 존재합니다. 그래서 코드가 다루는 문제가 무엇이고 지금 코드가 그 문제를 해결하는 과정에서 놓친 경우의 수는 없는지 혹은 예상되는 버그는 없는지 살펴보는 것이 중요합니다. 코드가 다루는 문제를 잘 이해해야 어떤 코드가 더 효과적인 해결책인지 알 수 있습니다.

#2 코딩 표준을 준수했는가

코딩 표준은 코드 작성 및 구조화의 일관된 방식을 제공하는 규칙입니다. 현업에서는 보통 팀 내에 코딩 표준을 갖고 있습니다. 팀의 규모가 커질수록 코딩 표준을 준수하는 것이 중요합니다. 코딩 표준은 코드 가독성, 일관성, 유지 보수성, 버그 위험 감소 등 다양한 이유로 중요하게 여겨집니다. 특히 하나의 서비스를 만드는 동안에도 개발자가 바뀌거나 새로 합류하는 경우가 있기 때문에 일관된 표준이 꼭 필요합니다. 코딩 표준의 예시로는 적절한 들여쓰기, 네이밍 규칙, 주석 및 문서 사용에 대한 확인을 들 수 있습니다. 코드 리뷰 중에 이러한 코딩 표준을 준수하면 코드 및 개발 프로세스의 전반적인 품질을 크게 향상시킬 수 있습니다.

#3 성능 및 확장성을 확인했는가

서비스의 규모가 커질수록 코드 리뷰에서 성능 및 확장성을 중요하게 다룹니다. 현재 코드가 컴퓨터 자원을 필요 이상으로 사용하지 않는지, 사용자의 입력 또는 데이터 수가 증가하면서 처리 속도가 저하되거나 멈추는 일이 없는지 등을 판단합니다. 서비스의 규모가 크면 클수록 제대로 동작하지 않는 버그는 중대한 불편을 초래할 수 있습니다. 그래서 코드 리뷰 과정 중에 이러한 문제를 미연에 방지하고 사용 증가에 따른 확장성과 성능을 미리 확인해야 합니다.

#4 보안 측면에서 취약한 부분은 없는가

해킹 사례가 증가하고 개인정보 보호의 중요성이 커짐에 따라 보안 측면을 심도 있게 검토하는 것이 중요해졌습니다. 누군가 권한이 없는 정보에 접근하거나 중요한 데이터를 훔칠 수 있는 코드, 다른 사용자와 시스템에 피해를 줄 수 있는 코드의 약점을 코드 리뷰를 통해 미리 체크합니다. 이런 부분을 미리 확인하지 않으면 사용자의 개인 정보가 유출되어 악용되거나 서비스에 가짜 접속과 요청이 많아지면서 수천만 원 이상의 비용이 청구될 수도 있습니다. 이런 보안 사고는 한 번 터지면 주워 담을 수 없기 때문에 신경 써서 확인해야 합니다. 그래서 보안 관련 사항을 체크리스트로 만들어 코드를 작성한 사람과 리뷰하는 사람 모두 실수하거나 놓친 부분이 없는지 확인하는 것이 좋습니다.

코드 리뷰 시 주의할 점

내 코드가 아직 부족하다는 생각에 코드 리뷰를 요청하지 못하고 혼자서만 고민하는 경우가 있습니다. 하지만 피드백을 받는 것이 목적인 만큼 완벽하지 않아도 공유하는 것이 중요합니다. 예를 들어 지금 작성하고 있는 코드가 잘 풀리지 않는다면 '세 시간만 더 고민해보고 그 이후에도 해결하지 못하면 도움을 요청해야겠다'와 같이 본인만의 시간 제한을 정하는 것을 추천합니다. 꼭 세 시간이 아니어도 되지만 시간을 명확하게 정해두는 것이 좋습니다.

혼자 오래 고민하는 것보다 다른 사람의 도움을 받는 것이 문제 해결에 효과적인 경우가 많습니다. 내 실력이 부족해서 다른 사람의 도움을 받는 거라고 생각하는 사람이 많은데, 현업에서도 코드 리뷰를 통해 서로 부족한 부분과 실수하는 부분을 조정하는 과정은 매우 일반적입니다. 그러므로 부끄러워하지 말고 다른 사람에게 도움을 요청하는 용기를 내보기 바랍니다.

단, 코드 리뷰는 구체적인 해결 방안을 질문하며 똑똑하게 요청해야 합니다. 코드와 함께 내 의도와 피드백받고 싶은 부분을 자세히 남겨야 답하는 사람도 그 의도를 이해하고 더 좋은 답변을 제시할 수 있습니다.

또한 피드백을 개인적인 비난으로 받아들이지 않고 개선의 기회로 활용하는 태도가 중요합니다. 피드백은 코드 개선을 위한 것이지 결코 코드 작성자에 대한 지적이 아니라는 점을 명심해야 합니다. 코드 리뷰 내용이 비난으로 느껴질 수 있지만, 이는 개발에 있어 필수적인 건설적 비판의 일부입니다. 코드 리뷰는 상호 존중과 학습의 장이므로 피드백을 통해 모두가 성장할 수 있는 기회로 삼기를 바랍니다.

코드 리뷰를 통해 개인이 작성한 코드는 팀의 코드로 확장됩니다. 코드가 해결하는 문제 확인, 코딩 표준 준수, 성능 및 확장성 평가, 보안 취약성 확인과 같은 부분을 팀 단위로 살펴보며 코드의 품질을 개선할 수 있습니다.

코드 리뷰는 팀 단위로 많이 이루어지지만, 사실 단 두 명이서도 진행할 수 있습니다. 페어 프로그래밍을 했던 동료와 할 수도 있고 프로그래밍 스터디를 함께하는 사람과도 할 수 있습니다. 두 명이서 코드 리뷰를 할 때는 앞서 안내한 코드 리뷰 시 검토해야 할 네 가지 항목 중 첫 번째인 '이 코드가 어떤 문제를 해결하는가'에 특히 초점을 맞춰 시작해보기 바랍니다. 문제를 잘 해결하기 위한 과정을 고민하다 보면 나머지 항목은 자연스럽게 따라옵니다. 코드 리뷰도 거창하게 하는 것을 목표로 하기보다 단 한 줄의 피드백을 남기는 것부터 시작해보세요. 서로의 성장에 도움이 되는 피드백이 점차 쌓이고 개발 실력이 향상되는 경험할 수 있을 것입니다.

만약 동료가 없다면 과거 자신이 작성한 코드를 대상으로 코드 리뷰를 진행해도 좋습니다. 열심히 공부했다면 한 달 전 코드만 봐도 개선할 점이 보일 것입니다. 그리고 한 달 전 코드에 대해 민망함을 느꼈다면 현재 잘 성장하고 있다는 지표입니다. 지금 바로 이전에 작성한 코드에 직접 리뷰를 남겨보는 것은 어떨까요?

어떻게
챗GPT를 활용할까

미션
- 😆 챗GPT에 평소 헷갈리는 개념 한 가지 질문하기
- 😄 챗GPT로 최근 작성한 코드에 대한 리뷰 받기
- 😆 챗GPT에 새로 개발하려는 문제에 대한 가이드 질문하기

개인 튜터로 떠오른 챗GPT

챗GPT는 OpenAI에서 개발한 고급 언어 모델입니다. 여기서 고급 언어 모델이란 인간과 유사한 텍스트를 생성하도록 설계된 일종의 AI 기술입니다. 머신러닝 알고리즘을 사용하여 사람과 유사한 텍스트를 생성할 수 있고 방대한 양의 데이터를 학습했기 때문에 광범위한 인간의 질문을 이해하고 대답할 수도 있습니다.

챗GPT는 프로그래밍 학습에 있어 훌륭한 접근법을 제시합니다. 챗GPT는 학습 과정에서 생길 수 있는 다양한 질문에 대해 빠른 피드백을 주므로 개인 AI 튜터처럼 활용할 수 있습니다. 그래서 최

근 외국어 공부, 글쓰기 등 다양한 분야에 많이 활용되고 있으며 특히 프로그래밍 교육 분야에서 새로운 게임 체인저로 존재감을 드러내고 있습니다. 현업에서도 디버깅할 때나 코드의 잠재적인 문제를 발견하는 데 챗GPT를 활용하는 곳이 늘고 있습니다.

챗GPT로 프로그래밍을 학습할 때의 장점

프로그래밍 학습에 챗GPT를 사용할 때의 장점은 다음과 같습니다.

즉각적인 피드백 제공

선생님이나 멘토의 답변을 기다릴 필요 없이 실시간으로 질문에 대한 답을 받을 수 있습니다. 피드백을 빠르게 받으면 학습에 대한 흥미를 유지할 수 있고 동기부여에도 큰 도움이 됩니다.

예를 들어 현재 날씨를 보여주는 웹페이지를 만든다고 가정해봅시다. 그런데 날씨 데이터가 제대로 보이지 않는 문제가 발생했습니다. 이런 상황에서 챗GPT에 코드를 제시하며 도움을 요청하면 오류의 원인을 찾아주고 올바른 코드 작동 방식을 설명해줍니다.

학습자 수준에 맞는 문제 해결 속도

정해진 커리큘럼으로 교육하는 교육기관의 경우 학습 속도가 느린 학생들은 본인의 목소리를 내기가 쉽지 않습니다. 그러나 챗

GPT를 활용하면 내 속도에 맞춰 학습할 수 있습니다.

예를 들어 날씨를 안내하는 웹페이지를 개발 중이라고 가정해보겠습니다. API 호출을 이용하여 날씨 데이터를 검색하는 방법에 대해 자세히 알고 싶습니다. 이때 API 호출과 그에 따른 동작 원리를 이해하기 어렵다면 챗GPT에 자세한 설명을 요청한 후 예시 코드가 포함된 응답을 받을 수 있습니다. 이때 예시 코드가 이해되지 않는다면 그 코드를 이해하기 위한 개념에는 어떤 것이 있는지 설명해달라고도 할 수 있습니다. 이렇게 내 속도에 맞춰 난이도를 조절하면서 학습할 수 있습니다.

집단 지성의 손쉬운 접근

많은 양의 정보와 전문 지식 중 내게 필요한 정보만 찾아내는 작업에는 긴 시간이 필요합니다. 하지만 챗GPT를 이용하면 프로그래밍 입문자도 전문 지식에 대한 접근성과 활용도를 높일 수 있습니다.

예를 들어 날씨 웹페이지를 개발 중에 특정 라이브러리 사용법에 대한 자료를 챗GPT에 요청하면 각종 커뮤니티에 게시된 답변들과 예시까지 알려줍니다. 챗GPT가 없었다면 관련 커뮤니티나 해당 API를 보여주는 문서에서 '나에게 필요한 정보'를 찾아야 하는데, 질문 한 번으로 수많은 사람이 나눈 지식을 얻을 수 있으므로 시간을 절약하고 실수도 피할 수 있습니다.

챗GPT로 프로그래밍을 학습하는 방법

챗GPT를 프로그래밍 학습에 효과적으로 활용하는 방법은 단순히 코드 작성을 요청하는 것이 아니라, 전문가의 관점으로 사고하고 문제 해결 방법을 찾는 데 도움을 받는 것입니다.

동작 가능한 가장 작은 버전부터 물어보기

이제 본격적으로 챗GPT와 함께 프로그래밍을 학습하는 과정을 살펴보겠습니다. 현재 만들고 있는 프로그램이 없다면 다음과 같이 질문하며 시작하는 것을 추천합니다.

> '○○을 만들고 싶은데, 동작 가능한 가장 작은 버전부터 만들고 싶어. 어떤 것부터 구현하는 것이 좋을까?'

소프트웨어의 본질은 문제를 해결하는 것이므로 어떤 문제를 해결하는 과정에서 프로그래밍을 배우면 학습 효과가 더 큽니다. 그래서 문제를 해결하기 위해 무엇부터 구현하고 무엇을 학습해야 하는지 물어보는 것에서 시작합니다. 이때 처음부터 너무 큰 문제를 다루면 어려울 수 있으므로 '동작 가능한 가장 작은 버전'을 만들려면 어떤 개념을 알아야 하고 무엇부터 학습해야 하는지 확인한 후 그 맥락에 맞게 학습하면 됩니다.

다음 예시는 날씨를 보여주는 웹페이지를 만들기 위해 무엇부터 구현해야 하는지 챗GPT에 질문한 후 필요한 학습 방향에 대해 답변을 받은 내용입니다. 이후에는 답변을 토대로 날씨 API를 어떻게 활용하는지부터 물어보고 모르는 부분은 추가적으로 질문하며 웹페이지를 만들어갈 수 있습니다.

 지금 날씨를 보여주는 웹 페이지를 만들고 싶지만 작동하는 가장 작은 버전부터 시작하고 싶습니다. 무엇을 먼저 구현해야 합니까?

 지금 날씨를 보여주는 웹 페이지 구축을 시작하려면 먼저 표시할 데이터를 수집해야 합니다. 이를 수행하는 한 가지 방법은 지정된 위치를 기반으로 현재 날씨 정보를 제공하는 날씨 API를 사용하는 것입니다.

다음은 날씨 웹 페이지를 구축하기 위해 수행할 수 있는 단계에 대한 간단한 개요입니다.

1. 날씨 API를 선택합니다. OpenWeatherMap, Weather Underground 및 AccuWeather와 같은 다양한 무료 및 유료 날씨 API가 있습니다. API에 날씨 데이터를 요청하는 데 사용할 수 있는 API 키에 등록해야 합니다.
2. API 키와 위치 정보를 사용하여 API에 요청합니다. 이는 JavaScript와 같은 프로그래밍 언어를 사용하여 수행할 수 있으며 API 끝점에 대한 HTTP 요청을 사용하여 데이터를 검색할 수 있습니다.
3. API에서 응답을 구문 분석하고 현재 온도, 습도 및 날씨 조건과 같이 웹 페이지에 표시하려는 정보를 추출합니다.
4. HTML 및 CSS를 사용하여 웹 페이지에 정보를 표시합니다. 페이지에 대한 간단한 레이아웃을 만들고 JavaScript를 사용하여 날씨 데이터를 HTML 요소에 삽입할 수 있습니다.
5. 사용자가 자신의 위치를 입력하고 실시간으로 날씨 정보를 업데이트할 수 있도록 하여 웹 페이지를 동적으로 만듭니다.

이것은 날씨 웹 페이지의 기본 구현이며 프로젝트를 계속 빌드하고 개선하면서 더 많은 특징과 기능을 추가할 수 있습니다.

챗GPT에 질문하고 답변 받기

코드 작성 및 리뷰 요청하기

다음 단계는 작은 프로그램을 하나 작성한 후 코드 리뷰를 받는 것입니다. 챗GPT에 작성한 코드가 어떤 문제를 해결하기 위한 것인지 간략하게 설명하고 개선 가능한 부분을 문의하면, 챗GPT는 구체적인 예시와 함께 코드 개선 방향을 제시합니다.

예를 들어 '이 유형의 코드에 대한 모범 사례는 무엇인가요?'와 같이 질문하면 챗GPT는 개선을 위한 제안, 문제에 대한 설명, 따라야 할 모범 사례를 포함한 피드백을 제공합니다. 만약 이때 챗GPT의 답변을 이해하기 어렵다면 해당 부분을 추가로 질문하세요.

참고로 코드 리뷰 요청 시 다음과 같은 질문들을 활용할 수 있습니다.

- 가독성과 유지 보수를 위해 이 코드에서 무엇을 개선할 수 있나요?
  - → 이 질문은 소프트웨어 개발 시 중요한 요소인 코드 품질 및 유지 보수 관련 피드백을 받을 수 있게 합니다. 코드를 읽기 쉽고 유지 관리하기 쉽게 작성하면 다른 사람과의 협업에 더 용이한 코드가 되고 서비스를 확장하기도 수월합니다.
- 예외 처리에 대한 모범 사례를 이 코드에 어떻게 적용할 수 있을까요?
  - → 예외 처리 또한 소프트웨어 개발에서 중요한 부분입니다. 오류를 미리 예상하고 예외 처리를 잘 마무리하면 잠재된 버그 및 기타 문제의 위험을 줄일 수 있습니다.

- 이 코드에 보안 위험 요소가 있나요?

  → 보안은 소프트웨어 개발에서 매우 중요한 문제이며 코드가 안전하고 중요한 정보를 보호하는지 확인해야 합니다. 이 질문으로 코드의 보안 위험을 식별하고 이를 완화하기 위해 조치할 수 있습니다.

- 성능 최적화를 위해 이 코드를 어떻게 개선할 수 있을까요?

  → 코드는 효율적이고 빠르게 실행되어야 합니다. 이 질문은 더 나은 성능을 위해 코드를 최적화하는 방법을 배우는 데 도움이 되며 성능 문제의 위험을 줄일 수 있습니다.

방향성과 예시 요청하기

만약 코드를 작성하는 데 어려움을 느꼈다면 지금 내가 문제를 해결하기 위해 어떤 것부터 시도해야 하는지 가이드를 받는 것도 좋습니다. 완벽한 해결책보다 문제 해결 과정을 이해하는 것이 더 중요합니다. 그러므로 당장 어떤 코드를 작성해야 할지 모르겠다면 어떤 것부터 시도하는 것이 좋을지 물어보고 그 가이드를 따라가기 바랍니다. 마치 헬스장에서 트레이너에게 1:1 PT를 받을 때 트레이너가 어디에 힘을 주고 어떤 동작부터 해야 하는지 알려주는 것처럼 말이죠. 예를 들어 날씨 API를 개발할 때 내가 원하는 방향대로 코드를 작성해달라고 요청할 수도 있지만, 날씨 API를 사용하는 예시를 알려달라고 한 다음 스스로 코드를 작성해보고 피드백을 받으며 실력을 키워보세요.

챗GPT는 프로그래밍 학습에 있어 강력한 피드백 도구입니다. 하지만 사람의 피드백을 완벽히 대체할 수는 없습니다. 사람이 하는 피드백에는 전체 코드 설계, 디자인, 코드 표준 등 챗GPT가 평가하기 어려운 전체적인 내용과 문제 해결에 필요한 폭넓은 관점이 포함되어 있습니다. 그래서 챗GPT를 프로그래밍에 최대한 활용하려면 사람과 AI의 피드백을 모두 상호 보완적으로 사용하는 것이 좋습니다.

챗GPT에 피드백을 구할 때 반드시 염두에 두어야 하는 점은 챗GPT가 모든 프로그래밍 요구 사항을 한 번에 해결해주는 솔루션은 아니라는 것입니다. 챗GPT는 정답이 아닌 가이드를 제공합니다. 우리는 챗GPT의 답변을 맹목적으로 수용하지 않고 추가적인 자료 검색과 학습을 통해 그 내용을 검증해야 합니다. 챗GPT를 통해 지식을 더 편리하게 활용한다고 생각하는 편이 좋습니다. 챗GPT와 인간의 피드백을 결합함으로써 우리는 각각의 장점을 활용하여 더욱 효과적으로 학습하고 성장할 수 있습니다.

프로그래머로 성장하는 과정은 쉽지 않습니다. 복잡한 프로그래밍 언어를 배우고 트렌드를 따르며 기술 지식을 최신 상태로 유지해야 하는 벅차고 긴 과정입니다. 그러나 기술적인 지식만큼이나 중요한 것이 바로 '피드백'입니다.

즉각적인 피드백과 그 피드백을 통한 회고는 프로그래밍 학습 시 매우 중요합니다. 즉각적인 피드백은 오류를 빨리 수정하여 나중에 더 큰 문제가 발생하지 않게 합니다. 이는 개인의 학습에서도 마찬가지입니다. 회고는 개선할 영역을 식별하고 미래의 실수를 대비하며 과거 작업에 대한 성찰의 기회를 제공합니다.

따라서 가급적 피드백을 자주 주고받는 곳을 찾아야 합니다. 이상적인 학습 환경은 프로그래밍을 배우고 있는 다른 사람들과 상호작용할 수 있는 환경입니다. 이런 환경에서 얻은 피드백을 학습에 적극적으로 반영하면서 스스로의 성장을 촉진할 수 있습니다.

프로그래밍 언어와 기술을 배울 때는 구체적으로 내가 어떤 역량을 향상시키고 싶은지부터 찾아야 합니다. 일하고 싶은 회사에서 어떤 인재를 필요로 하는지 검토한 후 그에 적합한 역량을 찾아야 소프트웨어 기술에 우선순위를 두고 집중할 수 있습니다.

어떤 서비스를 개발할 때는 '핵심이 되는 동작을 실행할 수 있는 가장 작은 버전'부터 시작하는 것이 좋습니다. 또 개발 중에는 피드백 횟수를 조금씩 늘려가는 게 좋습니다. 처음부터 너무 많은 피드백을 받으면 이를 반영하는 것조차 쉽지 않습니다.

개발 중 피드백을 받는 효과적인 방법은 바로 '페어 프로그래밍'과 '코드 리뷰'입니다. 페어 프로그래밍에서는 한 사람이 코드를 작성하는 동안 다른 사람이 그 코드를 관찰하고 피드백을 제공합니다. 페어 프로그래밍을 진행하기 어려운 경우나 예전 코드에 대해 피드백을 받고 싶은 경우에는 코드 리뷰를 활용하는 것이 좋습니다. 다른 사람이 내 코드를 검토한 후 피드백을 제공하므로 궁극적으로 더 나은 프로그램을 만들 수 있습니다. 그리고 코드를 작성한 사람은 다른 사람의 피드백을 통해 미처 생각하지 못했던 부분까지 학습할 수 있으므로 프로그래밍 역량을 높일 수 있습니다.

마지막으로 챗GPT와 같은 대화형 학습 플랫폼은 정확하고 빠른 피드백을 얻는 데 도움이 됩니다.

결론적으로 피드백과 회고는 프로그래밍 학습에서 반드시 필요합니다. 피드백을 얻을 수 있는 환경을 찾아서 핵심 역량에 집중하고, 그 역량을 향상시키는 과정에서도 꾸준히 회고하다 보면 결국 여러분이 원하는 프로그래머의 모습에 가까워질 것입니다.

)**
.¦.
)< ><

3장

이런 회사에
가고 싶어

자기소개서를 쓸 때나 면접을 볼 때는 자신
의 장점을 잘 녹여내는 것이 중요합니다.
이 장에서는 회사가 요구하는 역량과 내 장
점을 연결하고 이를 효과적으로 드러내는
방법에 대해 이야기합니다. 이력서 작성부
터 면접까지, 회사가 찾는 이상적인 개발자
가 되기 위한 실용적인 전략과 팁을 살펴봅
시다.

3장 미션을 공유해요

나에게 맞는 회사는
어디에 있을까

미션

😄 비개발적인 역량을 포함하여 나의 강점 세 가지 작성하기

😄 개발 역량 면에서 나의 강점 세 가지 작성하기

😄 내가 최근에 시도했거나 시도 중인 경험으로 SIGN 지표 작성하기

😄 나의 특징이 잘 드러나도록 링크드인 프로필 작성하기

내 강점을 원하는 회사 찾기

나에게 맞는 회사를 찾기 위해서는 먼저 나의 강점을 명확히 안 후에 내 역량을 필요로 하는 회사를 알아보는 것이 중요합니다. 처음 이력서를 쓰는 지원자는 대부분 자기소개서나 이력서 작성 시 템플릿이나 기본 포맷에 집중합니다. 하지만 템플릿은 역량을 잘 드러내기 위한 형식일 뿐이며 템플릿에 나를 끼워맞추는 것은 바람직하지 않습니다. 역량만 잘 드러내도 나만의 독특한 자기소개서 템플릿이 만들어집니다. 면접관 입장에서 볼 때 지원자들은 대부분 비슷한 부분을 강조합니다. 그리고 면접관은 수많은 지원자 사이에서

더 뛰어난 사람을 선발하려고 합니다. 따라서 나만의 독특한 강점을 파악하고 이를 회사에서 찾는 역량과 연결해 효과적으로 드러내는 것이 중요합니다.

내 경험 속에서 강점 찾기

내가 가진 장점을 드러내려면 우선 그 장점이 드러날 만한 경험이 있어야 합니다. 일단 적극적으로 관련 경험에 대해 회고하면서 나에게 어떤 의미가 있는지 생각하다 보면 내가 가진 특징을 더 잘 드러낼 수 있습니다. 그리고 그 과정에서 얻은 데이터를 통해 다음 경험으로 이어지는 길을 찾을 수 있습니다. 경험하고 회고하고 연결해보세요. 그러면 경험들이 서로 연결되면서 나만의 길로 이어지는 것을 느낄 수 있습니다.

에너지가 높아지는 경험하기

어떤 경험부터 쌓아야 할지 고민된다면 일단 내 에너지가 높아질 것 같은 경험을 찾아보세요. 다른 사람의 말만 듣고 판단하는 것과 직접 해보고 좋은지 아닌지 판단하는 것은 완전히 다릅니다. 예를 들어 책으로 자전거 타는 방법을 배웠다고 가정해봅시다. 기어의 동작 원리와 운동 역학적인 지식을 학습하면 자전거에 대해 깊이 있게 공부할 수 있지만 막상 직접 자전거를 타고 이동하기는 어려울 수 있습니다. 그러므로 직접 경험해보고 그 과정에서 피드백을 받으며 배우는 것이 좋습니다. 프로그래밍도 책과 강의보다는 다양한 경험을 통해 체득했을 때 훨씬 더 빠르고 재미있게 학습할 수 있습니다.

여기서 중요한 점은 경험할 기회를 적극적으로 찾아야 한다는 것입니다. 관련 정보는 학교 게시판, 개발자 커뮤니티 등 개발자가 모이는 곳이라면 어디서든 얻을 수 있습니다. 또 내가 관심을 가진 분야에 대해 주변 사람들에게 이야기하다 보면 지인들이 나에게 딱 맞는 정보를 알려주는 경우도 있습니다. 준도 처음에는 개발자라는 직업에 대해 잘 몰랐지만 IT 기업이 만드는 혁신에 관해 자주 이야기하다가 친구를 통해 프로그래밍 교육기관의 입학 설명회를 소개받았고 그 계기로 프로그래밍을 배웠습니다. 이와 같이 다양한 방법으로 발견한 기회 중 가장 쉽게 선택할 수 있고 여러분의 에너지가 높아질 것 같은 일부터 시작해보세요. 그 경험이 다음 경험으로 이끌어줄 것입니다.

SIGN 지표를 통해 회고하기

활동 중이나 활동 후에는 회고가 이루어져야 합니다. 회고를 하면 경험을 되돌아볼 수 있고 그 경험에서 얻은 교훈을 확인하며 다음 계획에 적용할 수 있습니다. 그리고 꼭 다음 단계로 이어지지 않더라도 과거의 경험을 되돌아보며 생각을 정리하는 시간도 가질 수 있습니다.

주어진 업무에만 몰입하다 보면 나와 잘 맞는 일인지 판단하기 어려울 수 있습니다. 그러므로 활동 후 다른 사람과 회고하면서 경험 중 어떤 부분이 가장 재미있었고 의미 있게 느껴졌는지, 어떤 부분이 힘들었는지 등을 파악하는 것이 중요합니다. 내가 남들보다 높은 에너지를 썼던 부분은 나만의 특장점일 확률이 높습니다.

SIGN 지표*는 강점을 발견하는 데 도움이 되는 도구입니다. SIGN 지표에서 제시하는 다음 네 가지 항목을 중심으로 하루 동안의 활동을 평가해봅시다.

1) **Success(성공)**: 내가 이 일에 기여하고 성공했다는 느낌이 드는가? 능동적으로 참여한다는 느낌이 드는가?

2) **Instinct(본능)**: 이 일을 큰 노력 없이 쉽게 시작할 수 있으며 앞으로도 계속하고 싶은가?

3) **Growth(성장)**: 이 일을 할 때 내가 배우고 성장한다는 느낌이 드는가?

4) **Needs(욕구)**: 일을 마무리한 후 느낌이 어떤가? 일이 힘들어도 뿌듯한 느낌이 드는가?

---

* https://blog.movingworlds.org/understanding-your-strengths-with-signs

날짜	업무	능동성 (0~5)	에너지 (0~5)	성장한 점	전체 평
0/0	API 대응 업무	2	0	성장보다는 기존에 아는 내용을 적용하는 기분이다.	어려운 일이 아니라 부담되지는 않는다.
0/0	사내 온보딩 업무	2	2	새로운 팀원에게 설명하면서 내가 가진 지식도 더 탄탄해졌다.	바쁜 일들이 있어서 귀찮았지만 막상 시작하니 에너지가 상승했다.

SIGN 지표 항목을 이용해 경험을 정리한 예시

이렇게 경험을 정리해보면 내가 어떤 환경에서 일을 더 잘하는지, 어떤 상태일 때 기분이 더 좋은지, 어떤 일이 나를 더 능동적으로 만드는지 알 수 있습니다. 이 과정을 통해 내가 잘 성장할 수 있는 환경의 속성을 알게 되고 내 주변 환경을 능동적으로 변화시킬 수 있습니다.

슬은 SIGN 지표를 통해 이미 만들어진 것을 다듬는 것보다 시작 단계에 있는 일, 전에 해보지 않았던 새로운 도전, 다양한 사람과 협업할 수 있는 환경과 문화에 기여하는 일에 심장이 두근거린다는 것을 깨달았습니다. 예를 들어 팀 내 개발 문화를 강화하기 위한 테크 캠프 진행을 맡았을 당시, 근무 시간이 지난 후에도 그 일을 생각하는 모습을 발견했습니다. 이처럼 특정 업무를 계속해서 생각해도 지치거나 번아웃 증상이 나타나지 않고 오히려 해결법이 궁금해진다면 그것이 내가 가진 강점일 수 있습니다.

SIGN 지표의 모든 항목 점수가 높을 필요는 없습니다. 그러나 이 지표를 이용하면 어떤 경험이 다른 활동과 비교해 얼마나 의미 있고 가치 있는지를 상대적으로 판단할 수 있습니다.

다음 경험으로 연결하기

새로운 경험과 회고를 통해 얻은 자신에 대한 데이터를 바탕으로 깊게 탐구하고 싶은 분야나 역할을 정확히 파악한 뒤 그에 맞는 기회를 찾아 지원해보세요. 앱 공모전으로 예를 들자면 팀원 리딩, 백엔드 개발, 사용자 경험이나 프런트엔드 개발 등 같은 공모전을 위한 활동 중에서도 흥미를 느끼는 영역은 사람마다 다릅니다. 재미를 느낀 영역을 더 깊이 파고들기 위한 다음 경험을 찾아보세요. 프런트엔드가 가장 재미있었다면 다음에는 프런트엔드 관련 인턴을 지원해보거나 간단한 프런트엔드 페이지를 만들어보는 겁니다. 그 후 사용자가 이용할 수 있도록 그 페이지를 더 정교하게 만들 수도 있습니다. 이렇게 점진적으로 개선하는 과정 자체가 여러분의 이력서가 됩니다. 일단 하나의 경험을 마친 후 다음에 어떤 경험을 하고 싶은지, 그와 관련하여 어떤 기회가 있는지 찾아서 연결해보기 바랍니다.

내가 가진 것을 잘 드러내기

나의 데이터를 발견한 후에는 나에게 맞는 회사에 가기 위해 강점을 '잘' 드러내는 것이 중요합니다. 이때 중요한 핵심은 환경에 적합하게 드러내야 한다는 점입니다. 장점은 그저 특징일 수 있습니다. 하지만 그 특징을 이용해 현재 팀이 마주한 문제를 해결할 때 비로소 내 장점은 '슈퍼 파워'가 됩니다.

준은 회고할 때마다 스스로 장점과 역량이라고 생각하는 것들을 프로필 페이지*에 정리합니다. 중요한 역량과 관련된 경험을 기록하다 보면 자신의 역량이 얼마나 다양한 팀과 환경에서 슈퍼 파워로 활약할 수 있는지 나타낼 수 있습니다. 이처럼 준은 스스로의 역량과 그 역량이 발휘된 경험을 늘 공유했기 때문에 준의 강점을 알아보고 먼저 연락하는 회사가 많았습니다. 덕분에 현재 일하고 있는 곳뿐만 아니라 다양한 프로그래밍 교육기관에서 프로그래밍, 회고 스프린트, 이력서 등 개발자 성장 과정에 대한 다양한 이야기를 나누고 있습니다.

슬도 나다움이 나타나는 경험을 링크드인 프로필**에 적극적으로 드러내고 있습니다. 이를 통해 다양한 면접 기회를 얻었고 실제로

---

* https://makerjun.com
** https://www.linkedin.com/in/yeslkoh

면접관들이 링크드인의 이력에 많은 관심을 보였습니다. 그래서 자연스럽게 기술적인 내용뿐 아니라 스스로의 강점을 설명할 수 있었습니다. 심리학을 전공한 배경을 토대로 심리테스트 페이지를 개발했던 것을 이야기했던 것처럼 말이죠.

다음 무대로 이어지는 기회는 나만의 경험을 드러낼 때 더 많이 생깁니다. 슬은 여러 사람을 만나는 것을 좋아하고 다양한 아이디어가 샘솟는 곳을 좋아합니다. 그래서 링크드인 프로필에 그동안 진행한 업무 관련 프로젝트 외에도 성격과 관심사를 보여줄 수 있는 해커톤, 메이커 페어, 개발자 커뮤니티, 독서 모임 등의 활동을 추가했습니다. 이런 활동을 통해 코딩에만 관심 있는 개발자가 아니라 커뮤니케이션하는 것을 즐기고 소통도 원활하게 할 수 있는 개발자라는 것을 나타냈습니다. 그 덕분에 링크드인을 통해 개발과 커뮤니케이션이 모두 중요한 역할을 제안받았고, 지금은 그 장점을 살려서 더욱 나답게 일하고 있습니다.

사실 이력서 항목은 자신의 강점을 드러내는 경험을 통해 자연스럽게 채워집니다. 그래서 이력서 형식보다는 자신의 경험을 정리하고 그 경험 속에서 나다움을 드러내기 위해 고민하는 것이 더 중요합니다. 깊이 있게 고민한다면 이력서는 저절로 빛날 것입니다. 그러므로 여러분의 장점을 그저 특징으로만 남기지 마세요. 장점을 활용해 팀의 문제를 해결하거나 눈에 띄는 성과를 만들어 슈퍼 파워로 만드세요. 특징을 단계적으로 발전시켜 강점으로 전환하는 기회를 자주 만들고, 다양한 환경에서 어떻게 빛날 수 있는지 경험을 거치면 알아가기 바랍니다. 이 과정을 거치면 준과 슬처럼 의미 있는 기회를 만날 가능성도 더 커질 것입니다. 나다움을 더 잘 드러내보세요!

이력서와 포트폴리오는
어떻게 준비할까

미션

😊 지원하고자 하는 회사의 JD를 분석하고 나와의 교집합 찾기

😊 역량순으로 이력서 작성하기

😊 다른 사람과 서로의 이력서를 검토하고 역량 관점으로 피드백을 주고받기

회사와 나를 스토리텔링으로 연결하기

이력서에는 지원하는 팀에 필요한 역량과 맞는 나의 강점을 '스토리텔링'으로 풀어내는 것이 중요합니다. 이를 위해서는 좋은 이력서 템플릿이나 포맷을 찾는 것보다 내가 일하고 싶은 팀에서 필요로 하는 나의 강점을 발견하고 어떻게 드러낼지 고민하는 것이 우선되어야 합니다.

이력서의 형식에 많은 에너지를 쏟는 지원자가 많습니다. 그리고 그 형식을 채워넣기 위해 모든 경험과 링크, 프로그래밍 툴 등을 적어놓고 회사가 자신의 역량을 판단해주기를 바랍니다. 하지만 채

용 담당자는 이력서를 충분히 볼 시간이 없습니다. 면접 전에 쓱 한 번 훑어보거나 아예 프로그램을 이용해 이력서에 회사가 원하는 키워드를 포함하는지 필터링하기도 합니다. 즉, 채용하는 과정에서 이력서를 검토하는 시간은 매우 짧습니다. 그러므로 이력서에서 '이 사람을 직접 만나보고 싶다'는 느낌이 들도록 나에 대한 호기심을 유발하는 것이 중요합니다.

호기심을 일으키는 이력서의 핵심은 자신의 강점과 지원하는 팀에서 필요로 하는 점을 연결하는 스토리텔링입니다. 이력서의 형식보다는 지원하는 팀과 나의 연결점을 드러내는 스토리텔링에 더 많은 노력을 기울여야 합니다. 이렇게 만들어진 이력서는 지원자가 마치 해당 팀을 위해 태어난 사람 같다는 느낌을 줄 수 있습니다.

JD와 관련 있는 내 경험 찾기

자신의 강점을 잘 드러내기 위해서는 채용 담당자가 반할 만한 매력 포인트를 찾아야 합니다. 이때 가장 먼저 채용 페이지에 나와 있는 JD job description에서 필수 자격 요건과 희망 요건을 확인하는 것이 좋습니다. 필수 요건과 희망 요건에 제시된 역량을 나열한 후 각 항목마다 지금까지 했던 활동 중 어떤 활동과 매칭되는지 구체적으로 떠올려보는 것입니다. 이 과정을 통해 회사에서 원하는 역량을 내가 이미 보유하고 있는지 혹은 보충이 필요한 부분은 무엇인지 쉽게 파악할 수 있습니다. 만약 한 항목에 해당하는 경험이 여러 개 있다면 모두 적는 것보다 가장 높은 퀄리티 혹은 가장 강한 인상을 남길 수 있는 프로젝트를 선택하기 바랍니다. 이력서에 적을 만한 내용들을 다음 표처럼 나열한 후 우선순위를 정해봅시다.

JD 요구 사항	나의 경험 또는 역량
HTML, CSS로 대부분의 레이아웃을 직접 구현할 수 있는 분	ㅁㅁ 웹서비스의 레이아웃 구조를 참고해서 ○○ 프로젝트의 레이아웃을 구현했다.
Redux, Recoil 등 상태 관리 패턴 사용 경험이 있는 분	상태 관리 패턴은 사용한 적이 없는 것 같다.
모바일 앱 내 웹뷰 개발 경험이 있는 분	ㅁㅁ 프로젝트에서 소셜 로그인을 위한 웹뷰를 개발한 경험이 있으며 유저 로그인 관련 경험도 있다.
페어 프로그래밍 경험이 있는 분	최근 스터디를 통해 두세 명이서 두 달 동안 페어 프로그래밍을 진행했는데 그 과정에서 어떤 통찰을 얻었다.

JD 요구 사항과 나의 경험 연결 예시

폭넓은 조사를 통해 회사 및 팀에 대한 정보를 얻었다면 다음 단계는 그 팀에 있는 사람을 직접 만나보는 것입니다. 그러면 JD에서는 볼 수 없던 팀 문화, 선호하는 인재상, 팀의 관심사와 같은 값진 정보를 얻을 수 있습니다.

그리고 그 과정에서 나의 강점 중 더 강조해야 하는 점이 무엇인지도 알 수 있습니다. 이때 가능하다면 나의 경험과 강점이 진짜 그 팀에 도움이 될지, 부족한 점은 없는지 피드백을 요청해보기 바랍니다. 좋은 동료를 채용하기 위해 시간을 내는 회사가 의외로 많습니다. 게다가 이 과정이 잘 진행되면 채용 프로세스가 엄격한 대기업이 아닌 경우 즉시 서류 통과 후 바로 면접을 진행할 수도 있습니다.

역량순 이력서로 호기심 자아내기

나의 강점과 회사가 반할 만한 매력 포인트를 찾았다면 이제 그 항목들을 역량순으로 나열하여 스토리텔링을 만들 차례입니다. 여기서 중요한 것은 시간 순서가 아니라 역량순으로 작성하고 그것을 하나의 스토리로 연결해야 한다는 점입니다. 많은 사람이 이력서에서 나에 대해 모든 것을 보여줘야 한다고 오해합니다. 처음 소개팅을 나갔을 때 내 단점까지 다 말할 필요는 없는 것처럼 이력서에도 나의 모든 것을 나타내기보다 내가 가진 큰 매력 위주로 드러내는 것이 좋습니다.

이력서는 하나의 글이고, 글에서 중요한 것은 읽는 사람입니다. 내가 쓰고 싶은 말보다는 상대방이 궁금해하는 내용을 적으세요. 상대방이 궁금해하는 질문에 답하려면 먼저 상대방에 대한 정의가 이루어져야 합니다. 이력서는 회사라는 대상에 보여주기 위해 작성하는데, 그렇다면 회사는 지원자에게 어떤 점을 궁금해할까요?

회사는 지원자의 경험보다 지원자가 무엇을 '잘'할 수 있는 사람인지 궁금해합니다. 그래서 잘할 수 있는 사람을 뽑기 위해 서류, 테스트, 면접과 같은 과정에 시간과 비용을 들이는 것입니다. 회사는 직원과 함께 좋은 결과를 만들어내는 곳이므로 잘하지 않는 사람을 원할 리가 없습니다. 이 점을 고려하지 않으면 잘하는 것이 아니라 경험해본 것 위주로만 이력서를 작성하게 됩니다. 하지만 회사는 나의 자서전을 궁금해하지 않습니다.

여기서 핵심은 '무엇을 잘할 수 있고 그것을 잘하기 위해 어떤 문제 해결 과정을 거쳤는가'입니다. 여기서 '잘한다'는 키워드가 다소 부담스러울 수도 있습니다. 물론 다른 사람들과 비교했을 때 월등히 잘한다면 가장 좋겠지만, 처음부터 월등히 뛰어나기는 쉽지 않으므로 남과 비교하기보다 스스로에게 십중하는 태도가 필요합니다. 즉, 내가 가진 역량 중에서 잘하는 부분을 전략적으로 표현하고 키우는 것이 훨씬 더 중요합니다. 특히 주니어나 신입 개발자라면 이력서, 자소서, 면접 모두 내가 무언가를 잘하기까지 어떤 문제 해결 과정을 거쳤으므로 앞으로 발전할 성장 가능성이 높다는 것을 보여줄 필요가 있습니다.

일반적인 이력서 예시를 살펴봅시다.

---

1. ○○ 전공 졸업
2. A 프로젝트
   - a 기술을 사용하여 b 기능 구현
3. B 프로젝트
   - c 기술을 사용하여 d 기능 구현
4. C 회사 인턴
   - f 기능 개선

이 이력서를 보면 지원자의 경험은 알 수 있지만 무엇을 잘하는 지는 알 수 없습니다. 그런데 대부분 이력서와 자기소개서를 이렇게 작성합니다. 이 사람이 무엇을 전공했고 어디서 인턴을 경험했으며 어떤 일에 참여했다는 것은 알 수 있지만, 만약 엄청난 성공을 거둔 프로젝트에 참여했다거나 입사하기 매우 힘든 회사에서 일했던 경력이 아니라면 어떨까요? 이 이력서는 평범해 보일 겁니다. 많은 경험이 꼭 실력으로 이어지지만은 않는다는 사실은 양치질만 생각하도 쉽게 알 수 있습니다. 수십 년 동안 양치질을 했지만, 치과에 갈 때마다 혼이 나는 것처럼 '많이 해본 것'과 '잘하는 것'은 다릅니다. 그러므로 이력서를 작성할 때는 나의 강점에 더 집중해서 내 매력이 눈에 잘 띄도록 다음과 같이 작성해야 합니다.

---

1. 리팩터링을 통한 브라우저 렌더링 성능 개선
   - A 프로젝트: ○○ 개선을 통해 30% 성능 속도 향상(성능 개선 과정을 기록한 글의 링크)
2. 서비스 사용성 테스트를 통한 UX 개선
   - B 프로젝트: 회원가입 과정 단계를 4에서 2로 줄임(깃허브 링크)
3. 팀 리딩
   - 데일리 미팅과 주 1회 회고를 통해 서로의 감정과 정보 공유 시간 마련(회고록 링크)

위와 같은 이력서에서는 잘하는 역량이 무엇인지 바로 보이며 구체적인 수치 덕분에 머릿속에 그림이 잘 그려집니다. 이처럼 내가

가장 많이 성장한 경험을 중심으로 정리하다 보면 자신이 어떤 역량을 가진 지원자인지 스스로 판단하고 객관화할 수 있습니다. 그리고 지원하는 회사에 따라 어떤 역량을 강조해야 매력적으로 보일지 분석하고 이에 맞게 이력서를 수정해나가야 합니다. 이런 이력서를 검토하는 면접관은 호기심이 생겨 자기소개서와 이력서를 한 번이라도 더 보게 되고 지원자와 만나보고 싶다고 생각할 것입니다.

'어라, 이 사람의 리더십 역량과 리팩터링 역량이 더 궁금한데?'

'UX 성능을 개선하는 분쟁 해결 과정이 더 궁금한데?'

작성해놓은 이력서와 자기소개서를 보고 어떤 역량이 드러나 있는지 체크해봅시다. 만약 이력서를 처음 작성하는 경우라면 인터넷에서 찾을 수 있는 다른 사람들의 이력서를 살펴보는 방법도 좋은 학습이 될 수 있습니다.

소개팅에서 마치 나를 위해 태어난 것 같은 사람을 만나면 운명이라는 생각과 함께 앞으로 같이 만들어갈 미래를 떠올리며 설렐 것입니다. 이력서도 마찬가지로 이 팀을 위해 태어난 사람인 것 같은 생각이 들게끔 작성함으로써 채용 담당자가 호기심을 갖게 하는 것이 중요합니다. 그리고 이런 호기심을 만들기 위해서는 팀이 원하는 역량을 파악한 다음 나의 특징과 연결하여 그것을 강점으로 드러내야 합니다. 회사의 JD를 꼼꼼히 살펴보고 관련된 사람들을 많이 만나보세요. 그 과정을 통해 자연스럽게 좋은 이력서를 만들 수 있을 뿐 아니라 성장 가능성에 대한 자신감 또한 얻을 수 있을 것입니다.

티저 영상 같은
이력서와 포트폴리오

미션

- 구직 시장에서 달성하고 싶은 구체적인 목표 설정하기
- 가고 싶은 회사의 JD 분석하기
- 분석한 JD와 관련 있는 경험만 넣어서 이력서 혹은 포트폴리오 작성하기

눈에 띄는 이력서와 포트폴리오를 위해

이력서를 쓰는 목적은 일단 읽는 사람의 눈에 띄어 그들이 이력서를 계속 읽고 싶다는 마음이 들게 하는 데 있습니다. 호기심을 유발하여 만나보고 싶다는 생각이 들 만한 경험만 담아서 효과적으로 스토리텔링해야 합니다. 이 과정은 다음과 같이 3단계로 나누어 진행할수 있습니다.

1단계
가고 싶은 환경 파악하기

가장 처음으로 해야 할 일은 지원하는 직무 환경을 파악하는 것입니다. 아무리 잘 쓴 이력서라도 현재 그런 인재를 필요로 하는 곳이 없다면 무조건 탈락할 수밖에 없습니다. 또는 아무리 훌륭한 기술을 가졌다고 해도 그 기술이 필요 없는 환경에서는 본인의 장점을 발휘하기 어렵습니다. 그래서 설사 합격하더라도 해당 회사의 직무 환경이 어떤지 알아보지 않았거나 본인과의 적합도를 고려하지 않았다면 회사 문화가 본인과 맞지 않아 힘들어질 수 있습니다. 따라서 가장 먼저 지원하는 곳의 직무 환경과 나에게 맞는 환경을 파악해두어야 합니다.

직무 환경을 파악하려면 개발자 시장에서 달성하고 싶은 구체적인 목표를 정해둘 필요가 있습니다. 예를 들어 나는 어떤 문화를 가진 회사에서 일하고 싶은지, 어떤 방식으로 일하고 싶은지, 어떤 회사는 절대 안 가고 싶은지 적어보세요. 마음이 끌리는 회사의 특징과 그렇지 않은 회사의 특징을 작성했다면 다음으로 나에게 가장 중요한 복지, 절대 포기할 수 없는 문화에는 어떤 것이 있는지 나열해봅니다.

1. 가고 싶은 회사

- 개인의 성장은 곧 회사의 성장이자 회사의 발전이라고 생각하는 회사에 가고 싶다.
- 개발 시 다른 팀원과 의견을 나눌 때 의무적으로만 소통하는 것이 아니라 편안한 분위기에서 커뮤니케이션할 수 있는 회사에 가고 싶다.
- 나도 회사에서 얻을 것이 있고 회사도 나에게서 얻을 것이 있는 상호 보완적인 곳이면 좋겠다.

2. 절대 가고 싶지 않은 회사

- 어느 정도 적응 기간이 지난 후에도 업무를 지시받고 그것을 따라야 하는 관계가 유지되는 회사는 가고 싶지 않다.
- 책임감을 떠넘기는 회사는 피하고 싶다.
- 반복되는 문제들을 해결하지 않는 회사는 가고 싶지 않다.

3. 내가 중요하게 생각하는 회사의 복지와 문화

- 개인 성장을 위한 도서비 지원
- 활발히 운영되는 사내 스터디
- 최소 연봉: ○만 원

2단계
지원하는 회사 파악하기

1단계를 마쳤다면 어떤 문화나 분위기에서 일하고 싶은지 어느 정도 판단할 수 있을 겁니다. 이렇게 파악한 특징을 바탕으로 내가 원하는 문화를 가진 회사에는 어떤 곳들이 있는지 알아봐야 합니다.

이때 원티드, 사람인, 잡코리아 등의 취업 공고 사이트나 링크드인을 방문하는 것도 좋은 방법입니다. 최근 IT 기업은 사내 문화를 자세히 소개하는 경우가 많기 때문에 사내 블로그를 포함해 정보를 최대한 수집하는 것을 추천합니다. 이 과정을 거쳐 관심 가는 회사를 알아냈다면 그 회사에서 현재 오픈해놓은 공고를 보고 JD를 분석합니다.

그리고 JD를 보면서 얻은 정보를 바탕으로 지원자에게 어떤 역량을 요구하는지 파악합니다. 먼저 회사에서 요구하는 역량을 리스트로 적어보세요. 리스트로 작성하다 보면 반복되거나 핵심이라고 생각되는 키워드가 나타날 것입니다. 하나의 회사만 보면 키워드를 명확하게 파악하기 어렵지만, 최소 세 군데 회사의 JD를 같이 보다 보면 공통적으로 나오는 중요한 키워드가 무엇인지 알 수 있습니다. 이런 키워드는 따로 정리해둡니다. 이때 왜 이 키워드가 핵심이라고 생각하는지도 같이 적어두는 것이 좋습니다. 키워드와 요구사항 리스트가 모두 준비되었다면 키워드와 관련된 역량이 어떤 것인지 적어봅니다. 그 역량들 중 가장 핵심 역량은 무엇인지, 가장 눈에 띄는 역량은 어떤 것인지도 적어둡니다.

1. 희망 직무

- 신입 웹 백앤드 개발자(서버 개발자, 소프트웨어 엔지니어 포함)

2. 공통 요구 역량(필수)

- Java, Spring Framework
- RESTful API
- JPA, RDB 쿼리 작성 능력

공통 우대 항목

- MSA(Micro Service Architecture)
- TDD, DDD, 디자인 패턴 등(자바를 활용하는 설계 능력)
- React, Node, FE 영역 경험 여부

3. JD에서 중요한 키워드와 그 이유

- JAVA & Spring: 한국에는 자바를 기반으로 개발되어 유지/관리되는 프로그램들이 많음
- RDBMS(MySQL, MongoDB): 백엔드 개발자라면 데이터베이스 개념과 DB 관리 시스템 및 SQL 쿼리에 대한 이해가 필요함
- RDBMS: 백엔드 개발자라면 데이터베이스 개념과 DB 관리 시스템 및 SQL 쿼리에 대한 이해가 필요함
- REST API: 주소와 메소드만으로 내용을 알 수 있기 때문에 현업에서 프런트엔드와 백엔드 간 소통이 쉬워지고 혼선을 줄일 수 있음

3단계
직무에 적합한 경험만 작성하기

마지막 단계는 지금까지의 경험과 키워드를 연결하는 것입니다. 앞 단계에서 파악해둔 '회사에서 중요하게 생각하는 역량에 대한 키워드'를 중심으로 이력을 정리합니다. 포트폴리오에는 해당 키워드를 만든 '과정'이 드러나야 합니다. 특히 이 과정은 얼마나 지속적으로 진행했는지, 또 어디까지 깊이 있게 관여했는지 상세히 작성하는 것이 좋습니다. 면접관은 대단한 이력보다는 지원자의 전반적인 인상과 역량에 주목합니다. 단, 모집 직무에 맞는 경험만 작성해야 한다는 점을 명심하세요.

---

1. 부동산 거래 정보 제공 웹서비스(2022.6 – 2022.8)
   - Spring 2.7.5v
     - Java 8
     - MyBatis
   - Kakao API 기반 부동산 정보 시각화
   - DB 설계 및 기능별 API 구현
   - 공지 목적 게시판 CRUD 기능 구현
   - 사용자 정보 수집을 위한 페이지 구현

2. 텍스트 기반 감정 분석 API를 통한 다이어리 서비스(2022.10 – 2022.11)
   - Spring 2.6.7v
     - Java 11
   - ORM – Hibernate, JPA

- Git Action 기반 CI/CD 구현
- 배포 환경 사이에 별도의 파일 서버(S3) 배치
- 두 개의 앱 서버를 통한 무중단 배포 구현
- Azure 텍스트 감정 분석기 사용
- DB 설계 및 기능별 API 구현
- 유저가 다이어리 작성 시 분석 결과 기반의 감정 상태 반환 기능 구현

3. 현명한 소비 습관 위한 지인 공유 가계부 서비스(2022.1 – 2022.3)
- Springboot
- Spring JPA
- MariaDB
- GCP
- 로그인 구현
- 그룹 관리(CRUD), 소비 관리(CRUD), 목표 소비 관리(CRUD) 구현

3단계를 모두 거쳤다면 채용 공고에 딱 맞는 핵심 경험부터 드러나도록 이력서를 작성할 수 있습니다. 사회 초년생의 경우 경험이 적어서 이력서가 짧다고 생각할 수 있습니다. 사실 면접관들이 이력서를 살펴보는 시간은 평균 3분 정도에 그칩니다. 그러므로 길고 다양한 이력을 적는 것보다 관련된 핵심 경험만 작성하여 면접관에게 확실한 이미지를 남기는 것이 좋습니다. 양보다 중요한 것은 직무

와 연관된 핵심 경험입니다. 또 그 경험을 통해 기업과 개인이 어떤 성장을 했는지 작성하는 것이 중요합니다. 그리고 이 이야기가 하나의 스토리라인으로 연결된다면 더할 나위 없습니다. 호기심을 불러일으키는 이력서를 작성해봤다면 이제 가고 싶은 회사 중 한 곳에 바로 지원해보는 것이 어떨까요?

면접을 위해 무엇을 준비할까
- 코딩 테스트 편

미션

😈 알고리즘 사이트 세 군데를 방문하여 가장 쉬운 레벨의 문제 한 개씩 풀기

😈 시간을 정해놓고 실제 알고리즘 테스트를 보는 것처럼 설명하면서 문제 풀기

😈 하나의 알고리즘 문제를 두세 가지 방법으로 해결하기

성공적인 면접

성공적인 면접은 어떤 모습일까요? 아마도 면접관이 원하는 답변을 완벽하고 멋지게 말하는 장면이 떠오를 것입니다. 하지만 면접은 한쪽이 일방적으로 평가하는 것이 아니라 서로에 대해 알아가는 대화입니다. 너무 저자세로 임하기보다 적극적으로 좋은 질문들을 하면서 나의 매력과 진정성을 솔직하고 자연스럽게 보여주는 것이 중요합니다. 소개팅에서 자신의 단점을 숨기기보다는 진정성 있게 매력과 장점을 어필하는 것처럼 말이죠. 결국 정답보다 중요한 건 '과정'이라는 것을 명심해야 합니다.

기술 면접의 종류

개발자 면접의 첫 번째 난관은 기술 면접입니다. 기술 면접은 크게 코딩/알고리즘 면접과 과제 면접으로 구분됩니다.

코딩 면접

코딩 면접은 대부분 30분 정도의 시간을 주고 알고리즘 문제를 푸는 형식입니다. 시간 제한이 있기 때문에 높은 난도의 문제는 거의 나오지 않고 초중급 수준의 문제가 많이 출제됩니다. 문제 스타일은 알고리즘 코딩 문제 사이트에 나오는 것과 거의 유사합니다. 알고리즘 풀이 과정을 함께 지켜보는 대면 면접도 있고, 첫 스크리닝 알고리즘 시험의 경우 작성한 코드를 프로그램으로 실행해봄으로써 당락을 결정하는 경우도 있습니다. 대면 면접의 경우 커뮤니케이션 능력도 같이 보기 때문에 비슷한 입장의 동료와 서로 피드백을 주고받으며 연습하는 것이 효과적입니다.

과제 면접

현업에서 하는 일과 가장 비슷한 형태의 면접은 과제 면접입니다. 이 면접에서는 약 5일 안에 해결해야 하는 앱 개발 과제를 줍니다. 이런 과제는 '달력을 구현하세요', '계산기를 만드세요'와 같이 추상적이기 때문에 완성도나 기능 구현의 정도를 지원자가 결정할 수 있습니다. 시간 제한이 비교적 엄격하지 않기 때문에 주석이나 코드의 깔끔함 등 코드 전반의 세세한 부분까지 확인하는 경우가 많습니다. 이때는 가장 작은 단위의 기능부터 시작해 점진적으로 기능을 확대하는 방식으로 구현하지 않으면 시간 내에 동작하도록 만들기 어려울 수 있습니다. 과제를 시작하기 전에 하루에 몇 시간 정도 투자할 수 있는지 확인해보고 꾸준하게 시간을 투자하여 점진적으로 접근하는 것이 중요합니다. 내 기준보다 미흡하다고 해서 모두 리셋하고 다시 개발하는 것은 위험합니다. 더 완벽한 버전을 만들려고 하다가 결국 시간이 부족해서 과제를 못 끝내는 경우가 많기 때문입니다. 이런 불상사는 피해야겠죠? 다시 작성한다면 반드시 이전 버전을 따로 저장한 후 시도해야 합니다. 어떤 유형의 면접이든 동료와 함께 비슷한 상황을 만들어 연습해보고 그 과정에서 서로 피드백을 주고받으면 더 효과적으로 대비할 수 있습니다.

알고리즘 문제와 친해지는 방법

알고리즘 문제와 친해지기 위한 효과적인 방법을 알아봅시다.

다른 사람과 함께 공부하기

어떤 공부든 꾸준히 하는 것이 중요한데, 혼자서는 꾸준히 하기가 어렵습니다. 그렇기 때문에 비슷한 레벨이나 비슷한 상황에 있는 사람들과 함께 스터디를 만들어 공부하는 것을 추천합니다.

알고리즘 풀이를 연습할 수 있는 사이트는 조금만 검색해도 찾을 수 있습니다. 몇 군데를 소개하자면 LeetCode, programmers, HackerRank, CodeChef, TopCoder 등이 있습니다. 또 Daily Algo는 매일 이메일로 알고리즘 문제를 하나씩 보내주므로 따로 사이트를 방문하지 않고도 문제를 풀 수 있습니다. 내가 직접 푸는 것도 중요하지만, 다른 사람의 코드를 읽으며 그들은 어떻게 접근 했는지 살펴보는 것도 좋은 훈련입니다. 이렇게 하면 문제에 접근 하는 다양한 방법을 알게 되고 남의 코드 읽는 데에도 익숙해집니 다. 스터디에 참여하면 직접 문제를 해결하는 것과 타인의 코드를 읽는 것이 자연스럽게 익숙해집니다. 면접 전에 서로 모의 면접을 해주면서 대비할 수 있다는 점 역시 장점입니다.

매일 조금씩 꾸준히 하기

하루에 7문제를 한꺼번에 푸는 것이 좋을까요? 아니면 일주일 동안 하루에 한 문제씩 푸는 것이 좋을까요? 둘 다 7개의 문제이니 상관없을까요?

한 번에 몰아서 푸는 것보다 하루에 한 문제씩 푸는 것이 훨씬 더 효과적입니다. 뇌에 새로운 정보가 저장되려면 뉴런 간의 연결이 필요하며 이 과정에는 시간이 소요됩니다. 의식적으로 인지하고 있 지는 않지만, 문제를 풀고 어느 정도 숙성 기간을 거쳐야 그 기간에 뉴런 간 연결이 활성화되는 겁니다. 일정한 시간을 정해 매일 조금씩, 꾸준히 알고리즘 문제를 풀어보세요. 조금씩 나눠서 해야 번아 웃도 방지할 수 있습니다.

나의 약점을 파악하고 전략 세우기

알고리즘 문제를 풀 때는 list, tree, graph 등 다양한 분야를 골고루 다루는 것이 중요합니다. 각 분야의 문제를 해결하면서 자연스럽게 특정 자료구조 개념에 대한 어려움이나 부족한 점이 드러날 수 있습니다. 이렇게 부족한 부분을 정확히 파악하는 것이 첫 번째 단계입니다. 부족한 점을 파악한 후에는 면접까지 남은 시간을 고려하여 해당 부분을 보완하기 위한 전략을 세워야 합니다. 만약 시간이 충분하다면 분야별 초급 문제를 다 풀어보는 것이 좋습니다. 시간이 없다면 전략적으로 자신 있는 분야의 자료구조를 상급 레벨로 끌어올리고 다른 분야는 포기할지 아니면 모든 영역을 조금씩 다 공부하여 중급 레벨까지 골고루 올릴지 결정해야 합니다.

정해진 시간 내 코딩하기

보통은 프로그래밍할 때 시간을 정해서 코딩하지 않지만, 면접은 시간 제한이 있을 수밖에 없습니다. 시간이 부족하면 불안해져 집중하지 못하는 상황이 발생하므로 면접 전에 시간 제한을 걸어놓고 코딩하는 연습을 해둘 필요가 있습니다.

기술 면접 환경에 익숙해지는 방법

면접에서 내 역량을 제대로 보여줘야 한다는 압박이 심하면 긴장되고 부담을 느낄 수 있습니다. 그리고 기술 면접을 준비할 때 기출 질문과 내가 작업했던 프로젝트의 코드만 정리하느라 기본적인 사항임에도 준비를 놓치는 부분이 있습니다. 그중 하나가 기술 면접 형태에 익숙해지는 것입니다. 어려운 문제 때문이 아니라 익숙하지 않은 환경 때문에 긴장해서 문제를 풀지 못하는 지원자가 많습니다. 그래서 회사마다 면접을 어떤 형태로 진행하는지 최대한 파악해두는 것이 좋습니다.

대면 진행 여부 확인하기

먼저 체크해야 할 부분은 대면 진행 여부입니다. 예를 들어 스크리닝 면접 채점을 사람이 아닌 프로그램으로 하는 회사가 있는 반면, 첫 스크리닝 면접부터 대면으로 진행하는 회사도 있습니다. 각각의 상황에 따라 다른 방식으로 대비해야 합니다.

대면으로 진행할 때 면접관은 문제 접근법과 코딩 결과를 함께 봅니다. 면접관이 지원자의 문제 접근법을 파악하기 위해 문제 풀이 도중에 접근 방식에 대한 설명을 요청하는 경우도 있습니다. 보통 코딩 문제는 혼자 풀기 때문에 내 생각을 말로 동시에 전달하는 것이 어색할 수 있습니다. 그래서 설명할 때는 코딩에서 손을 놓고,

코딩할 때는 설명을 못하는 상황이 발생할 수 있으므로 면접 전에 코딩하는 동시에 설명하는 연습을 미리 해두는 것이 좋습니다. 다른 친구와 모의 면접을 진행해보는 것도 좋고 같이 연습할 사람이 없다면 혼잣말로 설명한 것을 녹음해서 들어봐도 좋습니다.

대면 면접에서는 문제의 범위를 명확히 정의하고 해결 방식을 단계별로 나누어 접근하는 데에 집중해야 합니다. 반면, 프로그램 채점 면접의 경우에는 예외 처리와 테스트 통과에 특히 주의를 기울여야 하므로 면접별로 준비해야 할 영역이 달라집니다.

기술 면접 시 사용할 도구 익히기

회사마다 기술 면접에 사용하는 도구가 다릅니다. 특히 코로나 이후 온라인 면접이 늘어나면서 툴이 더 다양해지고 있습니다. programmers나 CoderPad와 같은 플랫폼을 이용할 수도 있습니다. 그런데 이러한 환경에 익숙하지 않다면 문제 해결에 집중하지 못하고 툴 사용법을 파악하는 데 시간을 낭비할 수 있습니다. 따라서 면접에 어떤 툴이 사용되고 어떤 환경에서 진행되는지 반드시 체크한 후 익숙해지세요.

- LeetCode

LeetCode[*]는 최신 코딩 문제 동향을 알아볼 수 있는 대표적인

---

[*] https://leetcode.com/explore

사이트입니다. 이외에 HackerRank, TopCoder, CodeChef 등의 사이트에서도 난이도별로 알고리즘 문제를 연습할 수 있습니다. FAANG 같은 유료 사이트에서는 회사별 기출 문제를 제공하므로 실제로 제출됐던 문제를 연습할 수도 있습니다.

LeetCode 웹사이트

• **programmers**

대부분의 알고리즘 문제 플랫폼은 영어를 사용하는데, pro-grammers*는 한국어로 되어 있습니다. 영어가 부담스럽다면 한국어 사이트에서 일단 알고리즘 풀이를 먼저 공략하는 것도 좋은 방법입니다. 테스트 케이스를 실행해보고 제출하는 과정 등 대부분의 단계가 다른 알고리즘 풀이 플랫폼과 동일하기 때문에 형식에 익숙해지는 데에도 도움이 됩니다.

---

* https://programmers.co.kr/learn/challenges

programmers에서 제공하는 코딩 문제

- CoderPad

CoderPad*는 앞서 살펴본 사이트와는 성격이 다릅니다. Co-derPad는 온라인 Sublime Text와 같은 메모장이라고 볼 수 있습니다. 실제로 UI도 메모장과 매우 유사합니다. 대면 코딩 면접의 경우 예전에는 회사에 직접 방문하여 화이트보드에 코드를 작성하는 방식이 많았습니다. 하지만 코로나 이후 대면 면접이 어려워짐에 따라 코딩 면접 시 이처럼 온라인 메모장과 같은 툴에 코딩합니다. 따라서 자동 완성이나 문법 체크 등을 할 수가 없습니다. 일반적으로는 코딩할 때 자동 완성 툴을 이용하여 코딩하는데, 자동 완성 기능 없이 코딩하면 기본적인 함수 이름이 생각나지 않는 상황 등이

---

* https://coderpad.io

발생해 당황할 수 있습니다. 간단한 메모장 기능만 있는 CoderPad 는 알고리즘 풀이를 적어가며 말로 설명하는 연습을 하기에 좋은 플 랫폼입니다.

CoderPad 사용 예시

화상 면접 준비하기

줌과 같은 화상 도구를 이용하여 면접을 볼 때 내 모습이 보이면 더 긴장되는 경우도 있으므로 자신의 화면을 줌에서 보이지 않게 면 접관 화면을 '핀 고정'하는 것도 전략입니다.

이 모든 것들을 연습하는 가장 좋은 방법은 면접 환경과 비슷하 게 세팅한 후 모의 면접을 많이 보는 것입니다. 머릿속으로 상상하 는 것과 직접 실행해봤을 때의 괴리는 항상 존재합니다. 비슷한 환 경에서 많이 연습하면 '나는 이런 상황에서 많이 당황하는구나', '내 가 말하고 싶은 내용을 이렇게 표현하면 더 잘 전달되겠구나'와 같은 부분을 미리 체크할 수 있고 낯선 면접 환경에 더 빨리 익숙해질 수 있습니다.

모의 면접관과 문제 접근법을 공유한 후 풀어나가는 도중에 이 접근법이 틀렸다는 것을 인지하기도 합니다. 그런데 남은 시간이 얼마 없어 이미 선택한 접근법으로 밀고 나가야 할지 아니면 아예 다른 접근법을 선택해야 할지 빠른 결정을 못 내리기도 하죠. 모의 면접을 보면 이와 같은 돌발 상황이 발생했을 때 내가 어떤 반응을 보이는지 알 수 있고 어떻게 해결하는 것이 좋은지 미리 생각해둘 수 있어서 실제 면접 상황에서 비슷한 일이 발생했을 때 크게 당황하지 않을 수 있습니다.

문제가 쉽게 풀리지 않는 대표적인 상황

기술 면접을 보다 보면 문제가 쉽게 풀리지 않는 상황을 만날 수 있습니다. 다양한 상황별로 어떻게 대처하면 좋을지 미리 상상해보면 실제 환경에서는 더 유연하게 대처할 수 있습니다.

시간 부족으로 다음 문제로 넘어가야 할 때

첫 문제를 마음에 들 정도의 퀄리티로 작성하지 못했어도 빨리 잊고 다음 문제에 집중하는 것이 중요합니다. 아직 넘어갈 준비가 되지 않았는데 면접관이 다음 문제로 넘기자고 하면 망쳤다는 생각에 자괴감이 들면서 앞 질문에 계속 집착하는 경우가 있습니다. 넘어가기로 결정했으면 얼른 해당 문제를 잊고 다음 문제를 위해 조금이라도 쉬는 것이 좋습니다. 때로는 포기하는 것도 연습이 필요합니다.

도저히 못 풀겠거나 다음 문제를 풀 시간이 부족할 때

몇 개의 문제가 준비되어 있는지 물어보고 필요한 시간을 대략적으로 배분한 후 접근하는 것이 좋습니다. 보통 면접관이 면접 시간을 챙기면서 문제에 따라 시간을 배분하는데, 가능하다면 면접관이 리드하도록 하지 말고 스스로 리드하세요. 그렇게 하면 면접에 주도적으로 임할 수 있습니다. 만약 첫 문제를 풀다가 시간이 부족할 것 같다면 다른 문제들을 풀고 다시 이 문제로 돌아와서 리팩터링해도 되는지 묻는 것도 방법입니다.

풀이법이 너무 복잡할 때

테스트 시간은 정해져 있으므로 과도하게 어렵거나 복잡한 질문은 잘 나오지 않습니다. 1차 접근법이 너무 복잡했다면 보통 틀렸거나 더 쉬운 접근법이 있을 확률이 높습니다. 이럴 경우 1차 접근법을 과감히 버리고 다른 방법으로 접근하면 오히려 시간을 아낄 수 있습니다.

어떻게 접근해야 할지 전혀 알 수 없을 때

아무리 노력해도 문제의 해결책이 떠오르지 않을 때는 면접관에게 힌트를 요청해보는 선택지도 있습니다. 이는 면접의 결과와 관계없이 좋은 배움의 기회가 될 수 있습니다. 면접의 당락은 내가 결정할 수 없지만, 면접에서 무엇을 배워나갈지는 스스로 정할 수 있습니다. 회사에서 신입이나 주니어 개발자에게 바라는 기술 스킬은 높지 않으므로, 어려워도 포기하지 말고 끝까지 노력하는 모습과 도움이 필요할 때 적절히 도움을 요청하는 모습이 오히려 플러스 요인이 될 수 있습니다.

코딩 면접 시 완벽한 정답 구현보다 훨씬 더 중요한 것은 문제를 정의하고 해결하는 과정입니다. 그러므로 문제에 대한 정의부터 제대로 하는 것이 중요합니다. 또 내가 한 정의가 면접관이 생각하는 범위와 같은지 물어보고 일치하는지 확인하는 것은 문제 풀이에 큰 도움이 되며, 면접관 역시 지원자가 협업 시 어떤 자세로 커뮤니케이션하는지 엿볼 수 있습니다. 면접을 준비할 때 비슷한 입장에 있는 동료와 함께 피드백을 주고받으면서 연습하는 것이 가장 효과적입니다.

면접을 위해 무엇을 준비할까
- 인성 면접 편

미션
- 😈 개발자 관점으로 자기소개서 작성하기
- 😈 내 경험을 정리하는 표 작성하기
- 😈 면접관에게 할 질문 세 가지 생각하기

개발자 관점으로 자기소개하기

보통 면접을 시작할 때 아이스브레이킹 겸 지원자의 역량을 평가하기 위해 자기소개를 요청하는 경우가 많습니다. 그러면 '저는 개발을 사랑하는 개발자입니다'와 같이 추상적인 답변을 많이 합니다. 물론 개발에 대한 진정성은 담겨 있지만, 개발자 직무에 대한 역량을 드러내려면 '개발자의 관점'에서 이야기해야 합니다. 일반적인 자기소개와 개발자 관점에서의 자기소개는 분명히 다릅니다. 따라서 개발자 관점에서 내가 무엇을 지향하는 개발자인지에 대해 적어보고 다른 사람들과 대화해보는 것이 좋습니다.

예를 들어 다음과 같이 자신이 어떤 목표를 가지고 개발자로 성장하고자 하는지, 이러한 목표와 지원 동기가 어떻게 연관되어 있는지 설명할 수 있어야 합니다.

"저는 설계에 강한 프런트엔드 개발자가 되기 위해 노력하고 있습니다. 최근에는 복잡한 도메인을 가진 ㅇㅇ뱅크 앱 서비스의 화면을 클론하면서 mock 데이터로 송금할 수 있는 토이 프로젝트를 진행하고 있습니다. 복잡한 도메인을 설계할 때마다 항상 느끼는 점은 ㅁㅁ가 중요하다는 것인데요, 이러한 경험을 통해 이 회사의 서비스에 관심을 가지게 되어서 지원했습니다."

꼭 이런 구조로 소개해야 하는 것은 아니지만, 개발자로서의 성장 과정과 미래의 가능성을 자연스럽게 보여줄 수 있다면 훨씬 더 매력적인 자기소개가 될 것입니다. 이와 같이 개발자 관점에서 나의 장점과 매력 포인트는 무엇이고 앞으로 어떤 개발자가 되고 싶은지, 회사와 함께 어떻게 성장하고 싶은지 등에 대한 이미지를 그려보기 바랍니다.

지원하는 직무의 관련 자료 활용하기

지원하는 직무에 필요한 역량과 관련된 정보를 수집하고 해당 직무와 연관된 인물을 파악하는 것은 매우 중요하지만, 이를 놓치는 지원자들이 많습니다. 내가 가진 이력을 지원하는 팀의 인재상에 맞게 풀어내려면 채용 담당자를 내 편으로 만들어 최대한 많은 정보를 수집해야 합니다. 이를 위해 리크루터 또는 헤드헌터에게 콜드 메일을 보내 적극적으로 정보를 얻는 것이 좋습니다.

이 직무의 TO가 정확히 몇 명인지, 왜 이 자리가 공석인지, 팀 내에서 어떤 사람을 원하는지 등 외부에 공개적으로 알리지는 않았지만, 리크루터에게 직접 문의하면 얻을 수 있는 정보가 생각보다 많습니다. 이 정보를 활용하여 면접관이 궁금해할 포인트를 예측하고, 주변 사람들에게 작성한 이력서나 자기소개서를 보여주며 면접관이 어떤 점에 관심을 가질지 의견을 물어봅니다.

면접자가 자신의 면접 경험을 블로그에 공유하는 경우도 많습니다. 이러한 정보를 수집하여 면접 준비에 활용하고 면접 분위기와 상황을 머릿속에 미리 그려보는 것도 유용합니다.

인성 면접을 잘 보기 위한 준비 사항

인성 면접은 일방적인 질문과 단답형 대답이 오가는 퀴즈가 아니라 대화하고 소통하는 자리입니다. 예를 들어 면접관이 'ㅇㅇ를 어떻게 개선하려고 했나요?'라고 물으면 '개선한다는 단어는 폭넓은 의미를 가지는데, 특히 어떤 노력을 말씀하시는 건가요?'라고 물어 질문의 의도와 면접관의 관심사를 파악한 후 답하는 것이 좋습니다.

인성 면접을 잘 보기 위해 무엇을 준비해야 할지 알아보겠습니다.

이력서 내용 기반으로 준비하기

면접 질문의 대부분은 제출한 이력서와 자기소개서에 나온 내용을 기반으로 하기 때문에 이력서 내용을 완벽하게 파악하고 있어야 합니다. 애매한 내용이 있다면 아예 이력서에 넣지 않는 것을 추천합니다. 대답을 잘하지 못할 경우 역효과가 더 크기 때문입니다. 어설픈 거짓말보다는 솔직함이 더 낫습니다. 만약 이력서에 잦은 이직이나 같은 회사에 여러 번 지원한 이력 등 면접관 입장에서 이유가 궁금할 것 같은 사항이 있다면 그에 대한 대답도 미리 준비하세요.

예상 질문 정리하기

인터넷에 인성 면접 질문을 검색했을 때 반복적으로 나오는 핵심 질문에 대한 답은 미리 준비하고 가세요.

다음 표는 『Cracking the Code Interview』의 저자 게일 라크만 맥도웰이 제시한 'Preparation Grid'를 바탕으로 슬의 경험을 정리한 것입니다. 인성 면접을 대비할 때 생각해볼 만한 유용한 내용을 담고 있습니다. 면접관이 특정 에피소드나 예를 들어 설명해보라고 하면 갑작스러운 요청에 적당한 예를 떠오르지 않는 경우가 있습니다. 이를 방지하기 위해 이런 표를 작성하면서 나에게 의미 있었던 경험을 정리해보는 것도 큰 도움이 됩니다.

	도전 거리	장애물	실패와 실수
온보딩 프로젝트	첫 라운드와 달리 사람들이 온보딩 커리큘럼을 끝까지 이수하는 비율이 낮아졌다.	당장 처리해야 할 일이 바빠지니 자신(또는 팀)의 성장이나 가까운 미래를 대비하는 일을 가장 먼저 포기했다.	동기부여보다 커리큘럼이 탄탄하게 짜여 있는지에 더 집중하였다.
개발 회의 문화 개선	기존에 주도적으로 회의를 진행하던 팀원뿐 아니라 모든 팀원이 개발 회의를 주도할 수 있도록 문화를 개선했다.	팀 인원이 많았기 때문에 회의를 잘하기 위한 방법을 의논하고 규칙에 합의하는 것이 어려웠다.	내가 회의를 주도하려고 했더니 신경 써야 할 부분이 많아서 지칠 것 같았다. 그래서 회의 진행 주도권을 돌아가면서 맡았다.

경험을 정리하기 위한 표 작성 예시

이전 면접에서 부족했던 점 정리하기

기술 면접과 인성 면접에서 각각 기술과 인성에 대한 내용만 질문하지는 않습니다. 때로는 기술 면접에서 인성 면접 질문을 합니다. 또 1차 면접에서 부족했다고 느꼈던 점이나 답변하지 못했던 질문들을 2차 면접 때 다시 질문할 수도 있습니다. 따라서 기술 면접에 합격했다고 하더라도 기술 면접에 대한 생각을 완전히 버리고 대비하지 않는 것은 위험합니다. 이전 면접에서 아쉬운 부분이 있었다면 이를 보완해서 준비하고, 내가 가진 특장점과 팀의 인재상을 어떻게 연관시킬 수 있는지도 생각해두어야 합니다.

팀 플레이어로서의 면모 보여주기

인성 면접에서는 기존 팀원들과 시너지를 낼 수 있음을 보여주는 것이 중요합니다. 완벽함을 추구하기보다는 자신의 장단점을 인식하고 팀에 어떻게 기여할 수 있는지 설명하는 것이 면접관에게 긍정적인 인상을 줄 수 있습니다.

면접관에게 질문하기

일반적으로 면접을 마무리하기 전에 지원자에게 질문할 기회를 주는데, 이때 면접관에게 할 질문을 미리 생각해보는 것도 좋습니다. 면접은 면접자가 회사를 평가하는 자리이기도 합니다. 좋은 질문을 해서 나와 회사가 잘 맞을지 판단해보세요. 이때 검색하면 알 수 있는 자료에 대한 질문보다는 이 팀과 서비스에 대한 관심과 애정의 깊이가 느껴지는 질문을 하는 것이 좋습니다. 함께 일할 팀에게 궁금한 점이 없을리가 없습니다. 내가 같이 일할 팀이라는 생각으로 진솔하게 물어보세요. 질문을 통해 내가 나아가려는 방향과 회사의 요구 사이에 시너지가 생길 수 있는지 확인할 수 있습니다.

인성 면접에서는 '대화'를 하는 것이 중요합니다. 단순히 답변을 잘 해야겠다는 생각보다 자신의 경험을 공유하며 대화를 주고받는다는 태도로 준비하는 것이 더 좋습니다. 마치 소개팅을 하듯 자연스럽게 대화를 이어 나가보세요. 내가 팀에 잘 맞을 것 같은지 이야기를 나눠보는 겁니다. 이러한 면접은 합격 여부와 관계없이 나에게 적합한 회사와 팀을 찾는 데 큰 도움이 될 것입니다.

회사에서는 신입 혹은 주니어에게 많은 것을 바라지 않습니다. 진심과 열정 그리고 잠재력이 중요합니다. 기술 면접을 볼 때도 단순히 그 문제를 풀었느냐 못 풀었느냐보다 코드를 매개체로 그 사람의 태도를 보는 것이 핵심입니다. 그러므로 현재 기술력보다는 앞으로의 성장과 잠재력을 핵심 역량으로 답변하는 것이 좋습니다. 질문 한두 개에 잘 대답하지 못했다고 해서 탈락하는 경우는 거의 없습니다. 원하는 만큼 답변하지 못했어도 너무 상심하지 않기를 바랍니다.

면접은 소개팅처럼
주체적으로

미션

😄 긴장되는 순간 마인드 컨트롤을 위한 나만의 규칙 세 가지 만들기

😄 반드시 드러내고 싶은 나의 강점 정리하기

😄 면접을 봤다면 면접 회고하기

면접에서 가장 중요한 한 가지

면접을 진행할 때 가장 중요한 것은 '내가 주도권을 쥐는 것'입니다. 면접은 내가 평가받는 자리라고 생각하기 때문에 수동적인 자세로 임하는 경우가 많습니다. 하지만 면접은 서로를 평가하는 자리입니다. 상대방이 면접자, 내가 피면접자라는 생각을 버리고 내가 정한 공간 혹은 면접에 면접관이 온 것이라고 마인드 컨트롤하면 주도적으로 면접을 끌어나가는 데 도움이 됩니다. 그래서 면접 전, 면접 중, 면접 후 모두 주도권을 가지기 위한 나만의 전략을 세워두면 훨씬 자신감 있게 면접에 임할 수 있습니다.

면접을 주도하는 방법

면접에 임할 때 중요한 자세는 바로 내가 주체가 되는 것입니다. 다음과 같은 방법들로 면접 분위기를 주도해보세요.

밝게 인사하기

면접을 시작할 때 밝게 웃으며 인사하세요. 면접관은 매번 새로운 사람을 만나면서 심리적으로 지칠 수 있습니다. 지원자가 먼저 밝게 인사하면 분위기를 살릴 수 있고 긍정적인 인상을 줄 수 있습니다. 그리고 일반적으로는 면접관이 오늘 기분은 어떤지, 면접 장소까지 어떻게 왔는지 등을 물어보지만, 내가 면접관에게 먼저 말을 걸어보는 것도 괜찮습니다.

내가 주체가 되기

다음과 같이 조금만 바꿔 생각하면 내가 주체가 되어 리드하는 면접 분위기를 만들 수 있습니다.

- 천천히 또박또박 말한다 → 천천히 또박또박 **말해준다**
- 편안하게 생각한다 → 편안하게 **리드해준다**
- 밝은 자세로 임한다 → 밝게 **환영해준다**
- 문제가 잘 안 풀리면 도움을 요청한다 → 문제를 어떻게 접근할지 **알려주고** 필요 시 같이 **풀어준다**

이러한 태도를 취하면 긴장이 완화되어 답변 외에도 내가 꼭 이야기하고 싶었던 부분까지 모두 말할 수 있습니다.

모르는 질문에 대한 대응 전략 만들기

면접관은 지원자가 잘 모르는 문제에 어떻게 접근하는지를 평가하기도 합니다. 그래서 항상 내가 모르는 부분도 질문 받을 수 있다는 생각을 가지고 대응 방법을 준비하는 것이 심리적 안전감에 큰 도움이 됩니다. 모르는 질문에 아는 척 대답하면 면접관은 매섭게 꼬리 질문을 하며 파고듭니다. 이런 상황에서는 모르는 것을 솔직하게 인정하고 면접관에게 예의 바르게 질문하면서 답을 찾는 과정을 보여주면 됩니다. 이때 지식에 관한 질문이 아니라 문제 해결 방식에 대해 질문하는 것이 좋습니다.

면접 후의 전략

면접은 나의 역량을 날카롭게 평가받는 자리입니다. 그래서 면접 직후 회고하고 피드백을 요청하여 나의 성장 전략을 고민해보는 과정이 필요합니다.

면접 직후 회고하고 피드백 요청하기

면접을 마쳤다면 일단 가장 큰 산은 넘었습니다. 하지만 면접 이

후 '다 끝났다'고 생각해서 면접 내용을 잊어버리면 안 됩니다. 마치 중간고사, 기말고사가 끝나면 외웠던 내용이 기억에서 모조리 사라지는 것처럼 면접 또한 회고하지 않으면 잘했던 부분, 아쉬웠던 부분을 잊어버려 추후 개선하기가 어렵습니다.

면접 직후에는 잘한 점과 아쉬운 점, 대화 내용 등을 적고 어떻게 대응했으면 좋았을지도 기록해두세요. 특히 대화 내용은 하루만 지나도 잘 기억나지 않으므로 가능하면 면접을 마친 바로 직후에 작성하는 것이 좋습니다. 이렇게 기록한 내용을 바탕으로 더 만족스러운 답변을 고민하거나 다른 사람에게 피드백을 받아보면 자연스럽게 면접 스킬이 향상될 것입니다.

몰랐던 질문 복습하기

답을 몰라서 미처 대답하지 못했던 질문이 있다면 복습의 기회로 만들어야 합니다. 다른 회사의 면접에서도 유사한 질문을 받을 수 있습니다. 설사 그 질문이 나오지 않는다고 해도 면접의 당락과 관계없이 면접을 배움의 기회로 여겨보세요. 간혹 1차 면접에서 대답하지 못했던 질문을 2차 면접에서 다시 묻는 경우도 있는데, 이때 제대로 답하면 배울 의지가 있는 사람이라는 인상을 심어주므로 추가 점수를 받기 좋습니다.

피드백 요청하기

회고를 마쳤으면 회사에 이메일로 면접에 대한 피드백을 요청해 볼 수도 있습니다. 면접을 통해 배운 점을 이야기하며 면접관에게 공손히 피드백을 요청하면 때로는 매우 의미 있는 답변을 받을 수 있습니다. 이는 후배 개발자가 선배 개발자에게 받을 수 있는 값진 피드백이므로 다음 면접뿐 아니라 앞으로의 커리어에도 도움이 될 수 있습니다.

슬은 면접을 본 이후에 면접관이 보는 슬의 장단점과 개선점에 대한 메일을 받은 적이 있습니다. 메일에는 슬의 장점인 밝고 쾌활한 성격, 업무를 주도적으로 진행한 경험, 개인 프로젝트나 공모전에 꾸준히 도전하는 점들이 인상 깊었다는 내용이 있었고, 이를 다음 면접 때도 잘 녹일 수 있었습니다. 또한 면접 중 부족하다고 느꼈던 기술적인 부분에 대한 학습 방법, 도전 방향 등에 대해서도 선배 개발자의 입장에서 알려주었습니다. 그 덕분에 프런트엔드 개발자로서 기술적으로 성장하는 데 큰 도움이 되었습니다.

❧

면접은 회사에 합격하기 위한 하나의 시험입니다. 하지만 이 시험의 목적은 지원자를 탈락시키기 위한 것이 아니라, 함께 일할 사람을 선발하는 것입니다. 결국 함께하고 싶은 사람을 뽑는 것이 핵심이므로 면접에서는 마치 팀원인 것처럼 대화를 나누는 것이 중요합니다. 좋은 팀원은 커뮤니케이션을 통해 팀이 목표하는 바를 함께 만들어나갑니다. 면접은 결국 '내가 주도하는 대화'라는 것을 기억하고 좋은 팀원임을 적극적으로 드러내기 바랍니다.

면접이 끝난 후에는 꼭 회고하세요. 처음 면접 본 곳에 합격해서 면접을 더 보지 않더라도, 회고를 통해 개선하고 피드백을 받는 것 자체가 나의 성장에 큰 도움이 됩니다.

이력서, 포트폴리오, 면접을 준비할 때는 나의 강점과 회사가 원하는 역량의 교차점을 찾아서 강조하는 것이 핵심입니다. SIGN 지표를 통해 강점을 파악하고 내 강점을 더 돋보이게 하는 경험을 정리해봅시다. 그 다음 회사에서 원하는 역량과 내 경험을 어떻게 연결할 수 있는지 고민합니다. 일방적으로 내 강점만 강조하는 것보다 상대에게 필요한 것이 무엇인지 파악한 후 그 점과 관련이 있는 점을 이야기해야 합니다. 나의 경험 즉, 스토리를 공유하면 듣는 이에게 '같이 일해보고 싶다'는 기대를 심어줄 수 있습니다.

이력서와 면접의 목적은 다릅니다. 이력서나 포트폴리오의 주 목적은 면접에 초대받을 기회를 만드는 것입니다. 이 단계에서는 나에 대한 호기심을 가질 수 있도록 간략하지만 흥미로운 정보를 제공하는 것이 중요합니다. 다시 말해 이력서와 포트폴리오는 이 사람을 한번 만나보고 싶다는 생각이 들게 하는 데 중점을 둬야 합니다.

면접은 크게 기술 면접과 인성 면접으로 나뉩니다. 두 면접은 칼 같이 구분되기보다 기술 면접 중에 가벼운 인성 질문으로 이어지거나 인성 면접에서 프로젝트 얘기를 하다가 기술적인 부분으로 흘러가기도 합니다. 그래서 기술 면접을 준비할 때 인성 면접 관련 질문도 어느 정도 준비하는 것을 추천합니다.

기술 면접의 경우 알고리즘 테스트가 가장 일반적이므로 사전에 알고리즘 문제를 자주 풀어서 익숙해지는 것이 좋습니다. 인성 면접에서는 내 경험을 모두 공개하는 것보다 개발자 관점에서 중요한 소프트 스킬*을 중심으로 이야기를 풀어나가는 것이 특히 중요합니다.

---

* 직무 능력 외에도 커뮤니케이션, 문제 해결, 협업, 리더십 등을 활성화하는 능력을 의미합니다.

마지막으로 질문에만 답하는 면접자가 아니라 내가 이 면접을 리드한다는 마음가짐으로 임하면 내 강점을 더 드러낼 수 있습니다.

면접은 일방적인 평가의 장이 아니라 대화의 장입니다. 면접관이 면접자를 파악하는 만큼 면접자도 회사를 알아볼 수 있는 자리입니다. 있는 그대로의 내 모습을 표현하세요. 면접 이후에는 회고와 피드백을 거쳐 답하지 못했던 문제를 복습하고 대화 내용을 정리해두기 바랍니다.

(><)
:::
(**)

4장

함께
성장하고 싶어

협업에서 '신뢰'는 모든 것의 기초입니다.
이 장에서는 신뢰를 쌓는 과정과 협업의 다
양한 모습을 다룹니다. 비대면 협업부터 멘
토 찾기까지, 함께 성장하기 위한 협업 전략
을 살펴봅니다.

4장 미션을 공유해요

혼자
공부하고 있다면

미션
- 😖 서너 명 정도의 작은 스터디 직접 만들어보기
- 😖 스터디의 목표, 기간, 규칙 정하기
- 😄 스터디 중간 회고 및 마무리 회고 공유하기

성장할 수밖에 없는 환경 만들기

혼자 학습하면 내가 잘하고 있는지 피드백을 받기 어렵습니다. 이런 상황에서는 2장에서 안내한 커뮤니티와 같이 피드백을 주고받을 수 있는 환경에 참여하며 성장할 수 있는 환경을 직접 만드는 것이 중요합니다.

준은 회사에서 프런트엔드 개발자로 2년 이상 근무할 당시 혼자 학습하는 데 익숙한 상태였습니다. 하지만 어느 순간부터 정체된 느낌을 받았고 스스로 잘하고 있는가에 대해 고민을 시작했습니다.

그래서 무작정 다른 사람과 커뮤니케이션하면서 학습할 수 있는 환경에 들어가기 위해 온라인 스터디에 참여했습니다. 여기서 매주 스터디 리더 및 다른 참여자들과 함께 코드 리뷰를 나눴습니다. 피드백을 주고받는 과정에서 많이 성장한 것을 느꼈고 무엇보다 다른 개발자의 장점을 흡수하며 더 큰 성장을 할 수 있었습니다.

이런 경험을 더 자주 만들기 위해 스터디에 참여했던 사람들과 함께 또 다른 스터디를 만들었습니다. 함께 진행했던 미션을 처음부터 다시 진행해보고 코드 리뷰와 회고를 통해 피드백을 주고받는 과정을 반복했습니다. 이미 한 번 구현해본 앱을 다시 만들면서 이전에는 미처 신경 쓰지 못했던 점을 깊이 있게 고려하고 버그를 줄이며 개선된 코드를 함께 만드는 경험은 정말 짜릿했습니다.

목표·기간·규칙 정하기

다른 사람과 함께하는 환경에 '참여하기'는 쉽지만, 그 환경을 '직접 만드는 일'은 도전적일 수 있습니다. 환경을 잘 만들기 위해서는 목표, 기간, 규칙 이 세 가지를 고려해야 합니다.

목표 설정

'측정할 수 있는' 목표를 설정하는 것이 가장 중요합니다. 예를 들어 '사바스크립트를 깊이 있게 이해하기'보다는 '자바스크립트의 10

가지 핵심 개념을 예시와 함께 설명할 수 있도록 연습하기'와 같이 구체적이고 측정 가능한 목표를 설정해야 합니다. 그래야 스터디를 하면서도 우리가 어느 정도 진행했고, 앞으로 얼마나 더 해야 하는지 명확히 알 수 있습니다. 또한 진행한 부분에 대해 서로 어떤 피드백을 주고받아야 할지도 더 명확해집니다.

준의 경우도 어떤 앱을 만들 때 기능 요구 사항을 정리하고, 그 요구 사항을 서너 단계로 분할해서 1주 차에 달성해야 할 목표를 세웠습니다. 그 덕분에 스터디원들은 1주간 집중해서 달성해야 할 목표를 분명하게 인지했고, 그 목표에 다가가기 어려울 때는 서로 도움을 주고받을 수 있었습니다.

기간 설정

스터디 기간은 한 달 이내로 짧게 설정해서 작은 성공을 빠르게 맛보는 게 중요합니다. 스터디 기간이 너무 길면 목표도 거대해지고 목표에 도달하는 성공을 맛보기까지 많은 시간과 에너지가 필요하기 때문에 쉽게 지칠 수 있습니다. 목표 기간을 짧게 잡아보세요. 짧은 스터디가 의미 있었고 만족스러웠다면 다음 스터디를 곧바로 만들어 진행하면 됩니다.

준은 회사 업무와 직접 만든 스터디를 병행하다 보니 스터디를 꾸준히 지속하는 것이 어려웠습니다. 또한 개발 목표는 있지만 언제까지 어느 수준으로 완성한다는 기준이 명확하지 않아 다른 스터디원들이 시간을 얼마나 써야 할지 막연해 했습니다. 그래서 이후로는 한 달 단위로 매달 새로운 기수의 스터디원을 받고 바쁠 때는 잠시 멈춰가는 형태로 운영했습니다. 그 덕분에 미션 완료율이 훨씬 높아졌고 스터디가 더 확장되었습니다.

규칙 설정

스터디 운영 규칙 또한 구체적으로 만들어야 합니다. 규칙은 많지 않아도 되지만, 명확하고 구체적인 규칙은 참가자들에게 책임감을 갖게 합니다. 예를 들어 '시간 약속을 잘 지키기'보다는 '스터디 시간에 늦을 것 같다면 10분 전까지 메시지 공유하기'와 같이 규칙을 정할 수 있습니다. 또 '회고 시간에 다른 사람의 이야기를 경청하기'가 아니라 '회고 시간에는 서로의 이야기에 집중하기 위해 모두 노트북을 덮기'와 같이 구체적인 행동이 잘 보이게끔 합니다. 처음부터 규칙이 많으면 지키기 어렵습니다. 그래서 동료들과 상의하여 가장 중요한 규칙 두세 가지를 먼저 정하고 점점 확장해나가는 것이 좋습니다.

준에게 효과적이었던 규칙은 '스터디 전에 준비하기보다는 스터디 시간 안에 해내기'였습니다. 예를 들어 '스터디 전에 다른 사람의 코드에 코드 리뷰 해오기'가 아니라 '스터디할 때 모두 함께 20분간 코드 리뷰하기'처럼 함께 있을 때 같이 몰입하여 진행한 것입니다. 이러한 규칙은 스터니에 참여하기까지 스터디원의 부담을 덜어줄

뿐만 아니라 스터디 시간에 더 높은 집중 효과를 만들어 낼 수 있습니다. 이때 한 명이 주도해서 규칙을 정하지 않고 모두의 의견을 모아 만드는 게 중요합니다.

환경을 잘 운영하기

다른 사람들과 함께할 환경을 구성했다면 이를 잘 운영해야 합니다. 이 환경에는 구성원 모두가 적극적으로 참여해야 하고 중간 회고를 통해 환경을 더 나은 방향으로 개선해나가는 것이 중요합니다.

모든 구성원의 능동적 참여

최대한 모든 구성원이 능동적으로 참여하는 기회를 많이 만들어야 합니다. 스터디나 프로젝트에는 보통 리더가 있고 나머지 구성원들이 리더에게 의지하는 경우가 많습니다. 하지만 참여하는 동료 모두가 능동적으로 참여해야 더 효과적인 배움의 장이 됩니다. 그래서 가능하면 리더를 번갈아가면서 맡는 것을 추천합니다. 발표하는 형태의 스터디라면 돌아가면서 발표할 수도 있고, 매주 다른 사람이 스터디 준비나 회고 주도를 맡을 수도 있습니다. 이렇게 하면 모두가 능동적으로 참여할 수 있고 무엇보다 서로가 다른 사람의 진행 방식을 보고 배우므로 더 잘할 수밖에 없는 팀이 됩니다.

중간 회고

대부분 스터디를 다 끝낸 후에 회고하는 경우가 많습니다. 하지만 회고는 반드시 무언가를 마무리한 후에 하는 것이 아닙니다. 다른 사람과 함께 학습하다 보면 기대했던 것과 다른 부분도 있고 생각보다 잘 안 되는 부분도 있으며 더 개선해야 하는 부분도 있습니다. 그럴 때일수록 중간 회고 시간을 가져 목표대로 잘하고 있는지, 개선할 부분은 없는지 체크해야 합니다. 처음부터 완벽한 환경을 만들 수는 없습니다. 그러므로 초기에 설정한 규칙이나 목표, 진행 방식을 고수하지 않고 팀의 상황에 맞게 개선해야 합니다.

의미 있게 마무리하기

함께 익히고 공부한 것을 각자 어디에 적용하고 싶은지 생각해보세요. 학습한 모든 내용은 추후 적용할 상황과 맥락이 있어야 더욱 내 것으로 체화할 수 있습니다. 예를 들어 자바스크립트의 주요 개념 10가지를 말하는 연습을 했다면, 이를 기반으로 블로그에 글을 써볼 수도 있고 간단한 토이 프로젝트를 개발하면서 개념을 적용해볼 수도 있을 겁니다. 어떤 형태로든 함께 학습한 내용을 어떻게 활용할 것인지 나누다 보면 스터디 이후에 서로의 성장 과정도 더 잘 알 수 있습니다.

함께 학습한 내용으로 각자 어떤 경험을 개척해나가는지 공유하는 것은 매우 가치 있는 일입니다. 경험을 나누면서 얻는 지혜는 무궁무진합니다. 지금 혼자 공부하고 있다면 다른 사람과 피드백을 주고받을 수 있는 환경을 직접 개척해보세요. 외향적인 사람만이 가능할 거라고 생각할 수 있지만 결코 그렇지 않습니다. 시작하기 위한 용기만 낸다면 나머지는 다른 동료들과 함께 채워나갈 수 있습니다.

회사에서
나 혼자라면

미션
- 😆 나와 비슷한 환경에 있는 개발자와 티타임하기
- 😆 회사 외부 스터디 또는 개발자 모임에 1회 이상 참석하기
- 😆 팀 내 다른 직군의 동료와 1회 이상 페어 프로그래밍하기

스스로 만드는 환경

규모가 작은 회사인 경우 내가 속한 직군의 실무자가 나 혼자이거나
그렇지 않더라도 혼자라고 느껴지는 상황이 있을 수 있습니다. 반
면 규모가 큰 회사여도 여러 가지 서비스와 업무가 분리되면서 혼자
개발해야 하는 상황을 만날 수 있습니다. 이때 피드백을 받을 수 있
는 시스템을 만들지 못한다면 내가 잘못된 방향으로 가고 있을 때
그것을 알아차리는 시점이 늦어지고 진행하는 과정에서도 막연함
을 느낄 확률이 높습니다. 그래서 어떻게 하면 개발 중에 피드백을
받을 수 있는지 고민해야 합니다.

준은 처음 회사에 입사했을 때 팀에서 유일한 프런트엔드 개발자였습니다. 사수는 물론 동료도 없었습니다. 처음에는 이런 상황이 큰 어려움이 될 거라고 생각하지 않았습니다. 입사하기 전에도 혼자 공부했고 혼자 개발했기 때문에 할 수 있을 거라 생각했죠. 하지만 그건 착각이었습니다. 혼자서 프런트엔드 개발과 관련된 모든 기능을 책임지고 버그를 수정하다 보니 두려움이 생기기 시작했습니다. 반복되는 실수를 어떻게 효과적으로 관리할 수 있을지에 대한 고민도 깊어졌습니다. 그러면서 이 일을 제대로 하고 있는가에 대한 고민으로 이어져 자신감까지 하락하는 시기도 있었습니다. 그렇지만 어느 순간, 환경을 탓하지 말고 환경을 직접 만들자는 생각으로 용기를 내기 시작했습니다.

혼자인 상황에서도 피드백을 받는 방법

내 주변에 아군을 많이 만들면 혼자인 상황에서도 얼마든지 성장할 수 있습니다. 회사 내외부에 든든한 동료를 만드는 방법을 알아봅시다.

회사 내 동료 만들기

만약 규모가 어느 정도 있는 회사인데 팀 내 개발자가 나 혼자라면 다른 팀에도 나와 마찬가지로 혼자 일하는 개발자가 있을 수 있습니다. 사내 인맥이나 사내 게시판 등을 통해 먼저 노크해보세요. 모두 비슷한 어려움을 겪었거나 겪고 있을 가능성이 높기 때문에 빨리 친해질 것입니다. 간단히 티타임을 요청해서 이런 어려움을 어떻게 해소할 수 있을지, 우리가 잘하고 있다는 것을 어떻게 체크할 수 있을지를 이야기하며 피드백을 주고받는 계기를 만들어보세요. 정기적으로 만나서 회고를 할 수도 있고, 회사 코드로 페어 프로그래밍을 해볼 수도 있습니다. 같은 회사이기 때문에 점심시간이나 퇴근 후 스터디 장소를 마련하기도 훨씬 쉽습니다.

꼭 스터디 목적이 아니더라도 식사하거나 티타임하는 시간을 보내며 공감대를 찾아볼 수 있습니다. 어떤 기술에 관심이 있는지, 어떤 스터디에 참여하고 있는지 등의 주제로 대화하며 서로의 공통점을 찾는 것도 좋습니다. 이때 상대방이 관심 있어 하는 지점부터 대화를 이어나가면 친해지기가 훨씬 수월합니다.

슬은 사내 스터디에서 한 권의 책을 함께 공부하는 것을 목표로 삼았습니다. 처음에는 모두가 스터디에 열심히 임했지만, 일이 바빠지거나 휴가를 가거나 공휴일이 끼는 등의 일들이 생기면서 참여가 줄었습니다. 목표가 흐지부지되는 것을 방지하기 위해서는 주기를 짧게, 목표도 최대한 작게 설정하는 것이 좋습니다. 그리고 본업인 회사 일이 바쁘면 당연히 스터디를 미루는 분위기가 형성되기도 하는데, 이때 효과적인 빙법은 스터디 이전에 준비해야 하는 과제를 없애는 겁니다. 스터디를 위해 각자 미리 학습하거나 발표를 준비하는 등 사전 준비가 필요하면 부담이 될 수 있으므로 그 과정을 스터디하는 시간에 같이 진행하는 방법이 더 좋습니다.

외부 환경 만들기

회사 내부에서 함께 성장할 동료를 찾기 어렵다면 외부에서 찾아보세요. 준의 경우 비슷한 상황의 다른 개발자와 소통하기 위해 싹(SSAC)이라는 커뮤니티를 직접 만들었고 프런트엔드 개발자로서 더 성장할 수 있었습니다. 커뮤니티 참여의 장점은 정기적이고 지속적인 피드백을 통해 서로 성장할 수 있다는 것입니다. 매주 1-2회 이상 코드 결과물에 대해 서로 다른 맥락으로 피드백을 받다 보니 자연스럽게 공부에 흥미를 느꼈고 큰 인사이트를 얻을 수 있었습니다. 마치 게임할 때 경험치 이벤트에 참여하면 짧은 시간에 더 많이 성장하는 것처럼 말이죠.

슬은 알고리즘을 공부하는 스터디에 참여했습니다. 현업에서는 효율적인 문제 해결에 중점을 두기보다 프로그램을 돌아가게 하기 위해 익숙한 알고리즘을 사용하기에 바빴습니다. 그런데 알고리즘 스터디에 참여하면서 하나의 문제를 여러 방법으로 해결하며 효율적이고 깨끗한 코드를 작성하는 방법에 대해 배울 수 있었습니다. 일정 시간 동안 각자의 화이트보드에 문제를 풀었고 덕분에 손 코딩에도 좀 더 익숙해졌습니다. 스터디 일정은 격주로 진행해 부담을 줄였습니다. 이처럼 참여도가 떨어지지 않도록 함께하는 사람들과 협의된 규칙을 만들면 더 안정적인 환경을 조성할 수 있습니다.

다른 직군의 동료와 페어 프로그래밍하기

다른 직군의 동료와 페어 프로그래밍을 시도해보는 것을 추천합니다. 프런트엔드 개발자라고 해서 꼭 같은 프런트엔드 개발자와만 페어 프로그래밍을 할 필요는 없습니다. 프런트엔드 개발에 대한 짝 프로그램을 백엔드 개발자와 진행해도 데이터 구조, 함수 네이밍, 파라미터의 개수, 클린 코드 등 여러 가지 관점으로 피드백을 받을 수 있으며 자신의 코드를 설명하면서 코드에 대한 큰 그림을 그려볼 수도 있습니다. 협력이 잘 되는 팀의 경우 기능 동작의 정확한 흐름을 보기 위해 테스트 코드를 기획자와 함께 작업하는 경우도 많습니다. 또 어떤 팀은 사내 메신저에 'ㅇㅇ 기능을 구현하고 있으니 구경하러 오세요'라고 메시지를 남기고, 실제로 동료들이 와서 구경도 하고 피드백도 주고받습니다. 때로는 드라이버와 내비게이터가 두세 명인 경우도 있습니다.

준은 알림 기능을 개발할 때 화면 디자인 설계부터 구현까지 백엔드 개발자 동료와 함께 진행한 적이 있습니다. 이때 백엔드 직군의 동료가 프런트엔드의 세부적인 기능까지 사용자 입장에서 말해주었습니다. 또 백엔드 동료가 API를 개발할 때는 준이 필요한 데이터와 구조에 관한 의견을 줄 수 있었습니다. 그 과정에서 자연스럽게 기획도 더 탄탄해지고 결함도 줄었습니다. 이처럼 영역을 넘나들며 더 좋은 서비스를 만들기 위해 협력할 수 있습니다.

🍃

혼자라고 느껴지거나 충분한 피드백을 받지 못하고 있다고 느낄 때, 바로 그때가 새로운 도전을 시작할 최적의 기회입니다. 이 기회로 든든한 동료가 생기고 시너지를 일으키는 짜릿한 경험도 하며 많이 성장합니다. 그리고 개인의 성장은 팀 전체에도 긍정적인 영향을 미칩니다.

혼자라는 생각이 들수록 주변을 돌아보세요. 여러분은 혼자가 아닌 환경을 스스로 선택할 수 있습니다.

좋은 팀원이 되고 싶다면
- 메신저와 회의 편

미션

😆 이전에 내가 도움을 요청할 때 보냈던 메시지를 한 번만 읽고도 이해할 수 있는 두괄식 표현으로 리팩터링하기

😆 회의의 효율성을 극대화하기 위한 방법 한 가지 이상 실천하기

😆 페어 프로그래밍 시도하기

협업의 핵심은 커뮤니케이션

좋은 팀원이 되기 위해 필요한 것은 분업이 아니라 협업입니다. 분업과 협업의 차이는 '팀원 간의 지속적인 상호작용과 소통 여부'입니다. 소통이 부족해서 생기는 문제의 대부분은 작업과 작업 사이의 경계에서 발생합니다. 예를 들어 화면 UI를 구현하던 중에 의문점이 생기면 디자이너에게 즉시 질문하며 소통해야 합니다. 하지만 평소에 소통이 부족한 팀은 질의응답을 하거나 수정안을 적용하는데 상당한 시간이 소요됩니다. 문제는 이러한 상황이 각 단계 사이의 경계에서 주로 발생한다는 것입니다.

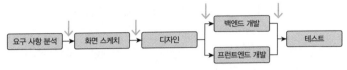

프로젝트에서 문제가 발생하는 부분

불확실성이 높은 문제를 해결할 때는 분야의 경계를 넘나들어야 하기 때문에 협업이 특히 중요합니다. 그래서 많은 회사가 어떻게 하면 더 협력적으로 일할 수 있는지 고민하며 피드백 매뉴얼을 이용하는 등 다양한 방법으로 노력하고 있습니다.

메신저로 똑똑하게 협업하기

재택근무가 많아지면서 서로 다른 공간에서 메신저로 협업하는 일이 많아졌습니다. 메신저를 주고받을 때는 수신자가 바로 답장하지 못해도 소통이 가능하도록 메시지를 작성하는 것이 중요합니다.

개인적으로 도움을 요청할 때

다음과 같은 메시지는 상대방이 회의나 다른 상황 때문에 바로 답장하지 못하는 경우나 메시지를 확인하기까지의 시간이 길어지는 경우 효율적으로 대화하기 어렵습니다.

"슬님, 혹시 잠시 시간 되세요?"

이때는 다음과 같이 커뮤니케이션하는 것이 좋습니다.

"슬님, 제가 버그를 수정하는 도중에 A라는 문제를 마주쳤는데요, 이걸 해결하기 위해 B라는 시도를 해봤는데 잘 안 되더라고요. 이전 회의록을 보니까 슬님이 비슷한 문제를 해결한 적이 있는 것 같아서 도움을 요청하고 싶어요. 혹시 PR 링크를 보시고 코멘트를 남겨주시거나 오후 중에 20분 정도 화상 회의로 조언을 좀 얻을수 있을까요?"

이렇게 메시지를 보내면 요청받은 사람이 메시지를 늦게 확인하더라도 명확한 답변을 줄 수 있습니다. 이처럼 메신저를 통한 소통시 대화의 횟수를 줄이기 위해 메시지를 압축하고 요점만 명확히 전달하는 것이 중요합니다.

팀 내에서 도움을 요청할 때

메신저로 도움을 요청하는 또 다른 방법은 요약 버전과 풀어쓴 버전을 함께 올리는 것입니다. 핵심이 드러나는 요약 버전을 먼저 적어 의도를 간결하고 명확하게 나타냅니다. 그리고 요약 버전 밑에 긴 버전을 써서 바쁠 경우 요약 버전만 봐도 내용을 이해할 수 있도록 합니다.

"이번에 배포한 에디터 기능 중에 드래그 앤 드롭 기능 테스트를 같이 봐주실 분 있나요? 가능하면 빠르게 확인하면 좋을 것 같아요!"

이와 같이 메시지를 보낸다면 정확히 어떤 상황인지, 해당 기능을 수정하는 것이 얼마나 급한 문제인지 등을 더 물어봐야 상황을 제대로 파악할 수 있습니다. 이런 경우 다음과 같이 자세한 내용을 함께 공유하면 도움을 요청받은 팀원이 문제를 더 빠르게 파악할 수 있습니다.

@슬 @준
🏛 **베타 테스트 도움 요청** 🏛

이번 베타 테스트 배포를 통해 '에디터'에서 드래그 앤 드롭으로 이미지를 첨부할 수 있는 기능이 추가되었습니다. 배포 페이지(링크)에서 드래그 앤 드롭 기능을 테스트 후 이슈가 있는 경우 링크에 남겨주세요.

드래그 앤 드롭 기능 설명
– 202X X월 X일 배포 예정
– #1020번 이슈에 따라 드래그 앤 드롭 기능 추가
– [리액트 Dnd](링크) 라이브러리를 이용하여 드래그 앤 드롭 기능 구현
– 크롬, 사파리, 파이어폭스, 엣지 브라우저에서 테스트 체크
– 기타 설명

어떻게 하면 더 효과적으로 커뮤니케이션할 수 있을지 자주 고민해보세요. 무엇보다 이런 방식으로 소통하면 프로젝트의 진행 상황, 이슈 사항 등을 팀원 모두와 공유하는 '프로젝트 관리 문서'나 '팀 공유 문서'에 쉽게 추가할 수 있습니다.

다른 직군의 사람과 소통할 때

회사에서 협업하다 보면 개발자뿐 아니라 다양한 직군의 직원과
도 소통할 일이 많습니다. 다른 직군과 소통할 때는 배경지식 수준
과 관련 경험의 차이를 고려하여 상대방이 이해하기 쉽게 설명해야
합니다. 필요한 추가 정보가 있는지도 검토하는 것이 좋습니다.

> "○○님, 이전에 요청하신 알림 기능은 일주일 안에 구현하기 어
> 려울 것 같아요. 왜냐하면 알림 기능을 구현하려면 서버에서 알림
> 메시지를 정렬하고 json 데이터를 사용자에게 보내줘야 하는데,
> 이때 도메인에 너무 많은 변경 사항이 생겨서 테스트 코드 작성에
> 도 시간이 많이 필요하거든요. 부작용은 없는지 체크해야 할 부분
> 도 많아서 쉽지 않을 것 같아요."

개발자는 당연히 이해할 수 있지만, 디자이너 입장에서는 '알림
메시지 정렬', 'json 데이터', '테스트 코드 작성' 등의 용어를 모두 알
지 못합니다. 이 메시지를 다음과 같이 상대방이 이해할 수 있도록
풀어쓴다면 훨씬 더 효과적으로 커뮤니케이션할 수 있습니다.

> "○○님, 이전에 요청하신 알림 팝업 기능을 일주일 내에 완성하
> 기는 어려울 것 같습니다. 이 기능을 구현하기 위해서는 개발 측면
> 에서 몇 가지 복잡한 단계를 거쳐야 해요. 예를 들면 아래와 같은
> 과정이 필요합니다."

1. 보내줄 알림 메시지를 기존 데이터베이스에서 읽기 위한 기능
2. 어떤 알림 메시지를 보여줄지에 대한 도메인 설계 논의

회의의 효율성 극대화하기

회사에서는 회의를 거쳐 많은 이슈에 대해 논의하고 결정합니다. 그래서 회의를 위한 회의가 아닌, 정해진 시간 안에 회의를 효율적으로 진행하면서도 내 입장을 빠짐없이 전달할 수 있는 협업 스킬이 필요합니다.

회의 전 준비 사항

회의를 잡기 전에 참여자, 주요 메시지와 액션 항목 그리고 회의 장소 등을 고려하는 것이 좋습니다.

- **참여자 파악하기**

먼저 회의에 꼭 참여해야 하는 사람이 누구인지 미리 고려하는 것이 좋습니다. 꼭 참여하지 않아도 되는 사람에게는 미팅 노트와 자료만 전달해도 충분합니다. 그리고 참석하는 사람이 누구인가에 따라 전달할 내용이나 깊이가 달라집니다. 예를 들어 다른 팀이나 팀장 이상에게 공유하는 자리라면, 작은 진행 상황을 하나하나 공

유하기보다 전체적인 맥락 위주로 공유하는 것이 더 효과적일 수 있습니다.

- **목적 밝히기**

회의의 목적을 명확히 하고 이 회의가 제대로 진행됐을 때 어떤 모습일지 구체적으로 그려져야 합니다. 또한 회의 참석자에게도 회의의 목적과 안건을 미리 공유해야 모두가 회의의 방향성을 알고 동참할 수 있습니다. 내 아이디어나 진행 상황에 대한 피드백이 필요해서 만든 자리인지, 같이 실행할 동료를 모으는 자리인지, 동료의 도움을 요청하는 자리인지 등 회의의 목적을 미리 밝히세요. 슬라이드나 기타 자료가 있다면 이 또한 미리 공유하는 것이 좋습니다.

- **장소와 매체 정하기**

회의 성격에 따라 어떤 환경에서 회의를 진행할지 결정할 수 있습니다. 예를 들어 서로의 아이디어와 의견 교환이 빈번하게 오가야 하는 경우 편안한 분위기의 미팅룸에서 대면으로 이야기를 나누는 편이 좋습니다. 반면에 주간 회의처럼 현재 팀에서 진행 중인 안건들을 간단히 훑어보는 회의라면 굳이 오프라인으로 모두 만날 필요 없이 온라인으로 간략하게 전달하는 방법이 더 효율적일 수 있습니다. 최근에는 화상 회의뿐만 아니라 게더타운*과 같은 가상 오피

---

* https://app.gather.town/app

스에서 소통하는 방식도 보편화되고 있습니다. 이렇게 회의의 성격에 따라 적절한 장소와 매체를 고려하면 회의를 더 만족스럽게 이어나갈 수 있습니다.

효율적인 회의 진행을 위한 고려 사항

회의가 비효율적으로 진행되면 여러 사람이 귀하게 낸 시간을 허비할 수 있습니다. 다음의 경우를 살펴보며 회의 진행 시 더욱 원활한 의사 결정을 할 수 있는 방향을 생각해보세요.

• 팀 내 업무 진행 상황을 공유하는 경우

업무 진행 상황을 공유할 때 많이 하는 실수가 '모든 팀원이 현재 나의 업무 진행 상황을 충분히 이해하고 있다'고 착각하는 것입니다. 팀의 규모가 클수록 팀원이 어떤 일을 어떤 목적으로 하는지 잘 모르는 경우가 많습니다. 따라서 목적이 무엇인지 꼭 언급한 후 진행 상황을 공유해야 합니다.

그리고 우선순위에 있는 사항을 먼저 공유해야 합니다. 핵심 내용만 먼저 빠르게 공유하고, 보다 상세한 정보가 필요한 사람들은 추후에 확인할 수 있도록 문서나 링크를 별도로 제공하는 것이 효과적입니다. 특히 업무를 진행하며 겪은 시행착오는 별개 문서에 기록하여 다른 팀원이 같은 일로 시간을 많이 쓰지 않도록 사전에 관리하는 것이 좋습니다.

진행 상황을 공유하고 나면 앞으로의 단계는 어떻게 이어질지 함께 그려보아야 합니다. 그렇지 않으면 나중에 '제가 생각했던 것과 다르네요' 같은 반응이 나옵니다. 다음 단계를 논의하면서 도움이 필요하다고 생각되면 미리 요청해두는 것도 좋습니다.

- **프로젝트 진행 상황을 공유하는 경우**

회사에서 일하다 보면 프로젝트 진행 상황을 팀 내외로 공유해야 하는 경우가 많습니다. 이때 일반적으로 많이 하는 실수기 소소한 진행 상황까지 공유한다는 겟입니다. 그러나 모두 각자의 업무로 바쁘기 때문에 작은 업무에 관한 내용은 관심을 끌기 어렵고, 디테일한 상황부터 공유하다가 프로젝트의 핵심 부분을 소개하기도 전에 참석자들이 지쳐버릴 수 있습니다. 그러므로 프로젝트의 의미, 진행 경과, 원하는 결과에 집중해서 간략하게 설명해야 합니다. 이때 다른 팀의 도움이 필요할 경우 어떤 도움이 어떤 범위까지 필요한지 세세하게 정리하여 알려주면 해당 팀도 어느 정도의 리소스를 제공해야 하는지 미리 파악할 수 있습니다.

- **반대 의견 또는 다른 의견을 말하는 경우**

반대 의견이나 다른 의견을 이야기하는 것은 어려운 일입니다. 이럴 때는 상대방에게 내가 귀를 기울이고 있다는 것을 먼저 표현하세요. 예를 들어 A 팀원의 의견에 나른 의견을 내고 싶다면 다음과 같이 팀원의 의견에 먼저 공감한 후 내 의견을 전달하는 겁니다.

A 이번에 메신저 앱 버전을 올릴 때 이모티콘을 쉽게 보내는 기능을 추가하면 어떨까요?

나 A님은 이번에 버전을 업데이트할 때 이모티콘 기능이 들어가는 게 중요하다고 생각하시는 거죠? 저도 이모티콘 기능이 있으면 사용자가 더 생동감 있게 메시지를 표현할 수 있어서 좋을 것 같아요. 그런데 다음 버전 업데이트까지는 ○○와 같은 이유 때문에 '첨부 파일' 기능이 더 중요하다는 생각도 들어요. 혹시 다른 분들은 어떻게 생각하시나요?

'나'는 'A' 팀원의 의견을 정확하게 이해했고 그 의견에 공감한다는 것을 먼저 표현했습니다. 그런 다음 내가 생각하기에는 다른 사항의 우선순위가 더 높은 것 같다고 이야기했습니다. 그리고 나와 A 팀원만이 아니라 우리 팀이 같이 고민하고 결정할 문제라는 것을 '다른 분들은 어떻게 생각하시나요?'라는 말로 표현했습니다. 중요한 문제일수록 그리고 이렇게 나와 다른 팀원의 생각이 다를수록 팀 차원으로 무게를 분산시켜 고민하면 좋은 결론을 얻을 수 있습니다.

함께 작성하는 회의록

회의를 진행하며 모두가 함께 볼 수 있는 문서에 회의 내용을 간단하게 정리해두세요. 회의 직후에는 바로 다른 업무로 전환해야 할 때가 많고 시간이 지나면 중요한 내용을 잊거나 잘못 기억할 수 있습니다. 따라서 회의록은 그 자리에서 바로 작성하는 것이 가장 효과적입니다. 회의에 참여한 사람들이 함께 있을 때 기록하면 서로 잘못 이해한 부분을 체크할 수도 있고 내용을 더 정확하게 남길 수도 있습니다.

지금까지 메신저를 이용할 때나 회의에서 유용하게 활용할 수 있는 커뮤니케이션 스킬을 안내했습니다. 여기서 꼭 기억해야 할 점은 '자주 섞이는 것'입니다. 좋은 커뮤니케이션 스킬을 갖고 있어도 팀원들과 자주 협력하는 경험이 부족하면 효과적인 협업을 하기가 어렵습니다. 메신저와 회의를 통해 구체적인 프로젝트 목표나 작업 계획을 논의하며 다른 팀원들이 적극적으로 참여할 수 있도록 유도하면 자연스럽게 신뢰를 높이고 팀워크를 강화할 수 있습니다. 자주 소통하고 공동의 목표를 달성하면서 서로 간의 신뢰를 더 높이 쌓아보세요. 자연스럽게 좋은 팀원으로 똘똘 뭉친 팀이 될 것입니다.

좋은 팀원이 되고 싶다면
- 개발 편

미션

😆 작은 기능을 구현하며 중간 과정 1회 이상 공유하기

😆 작은 기능 한 가지를 팀원과 함께 페어 프로그래밍하기

😆 내가 생각하는 좋은 코드 리뷰의 특징 세 가지 적어보기

결과보다 중요한 과정 공유

협업할 때 중요한 것은 코드 작성 과정을 자주 공유하고 함께 토론하는 것입니다. 완성된 코드는 수정하는 데 오래 걸리고 해당 코드를 작성한 사람이 어떤 생각으로 코딩했는지 파악하기 어렵습니다. 그래서 코드를 작성하는 과정을 자주 나누어야 합니다. 그러면 지식 교류가 활발해집니다. 무엇보다 내가 작성한 코드에 대해 피드백을 빠르게 받아서 바로 반영할 수 있다는 것이 큰 장점입니다. 개발 과정 중계, 페어 프로그래밍, 코드 리뷰 등을 통해 개발 과정 중에 내 코드를 개선할 수 있는 기회를 만들어보세요.

개발 과정 생중계하기

개발 시 협업을 잘하려면 내가 개발하는 과정을 마치 생중계하듯이 투명하게 공유하는 것이 좋습니다. 다른 팀원들이 나의 진행 과정을 알면 언제 도움을 줄 수 있을지, 언제 피드백을 줄 수 있을지 미리 파악하여 더 쉽게 참여할 수 있습니다.

개발 과정을 생중계할 때는 메신저를 적극 활용해보세요. '어떤 기능을 개발하면서 어떤 문제를 마주했고 어떻게 해결했다'와 같이 대부분의 진행 상황을 팀원이 파악할 수 있도록 공유하는 것이 좋습니다. 준이 일하는 팀은 어떤 기능을 개발하거나 기획할 때 메신저에서 '슬랙 허들(단체 음성/영상 채팅방)'이라는 기능을 이용해 방을 하나 만들어놓고 관련 업무를 하는 사람이 아니어도 궁금하다면 들어와서 보라고 이야기합니다. 이렇게 했을 때 내가 요청하지 않았는데도 유용한 도움을 받아 일을 더 빠르게 끝내는 경우도 있습니다.

만약 평소에 이처럼 공유하는 활동을 많이 해보지 않았다면 과하다고 생각될 정도로 공유하면서 시작해도 좋습니다. 공유 작업을 반복하다 보면 점점 어느 정도 자주 공유해야 하는지 감을 잡을 수 있을 것입니다. '내가 맡은 기능을 다 완성한 후에 공유해야지'라고 생각하지 마세요. 이 경우 어려움이 발생했을 때 도움이 필요한 적기를 놓쳐 개발 시간이 길어지거나 다른 팀원들이 의도한 방향과 다르게 개발할 수도 있습니다.

페어 프로그래밍하기

페어 프로그래밍을 적극적으로 진행하면 훌륭한 협업 경험을 쌓을 수 있습니다. 페어 프로그래밍에는 다음과 같은 장점들이 있습니다.

개발 시간 단축

'둘이 개발하면 더 오래 걸리지 않을까?'라는 예상과는 달리 실제로 하나의 앱을 만드는 데 소요되는 시간이 줄어듭니다. 그 이유는 버그 감소와 통합 시간 단축 덕분입니다. 사실 서비스를 운영하다 보면 앱 자체를 개발하는 시간보다 버그를 수정하고 리팩터링하는 시간이 더 많이 들기도 합니다. 그런데 이런 버그와 결함을 개발 단계에서 두 명이 함께 체크하면 한 사람이 보지 못한 것을 다른 사람이 볼 수 있어 결함을 절반 이상 줄일 수 있습니다. 그리고 처음부터 함께 개발하다 보니 각자 개발해서 통합하는 것보다 훨씬 빠르게 개발할 수 있습니다.

팀원의 노하우 습득

팀원별로 각자 잘하는 부분이 다를 수 있는데, 페어 프로그래밍은 서로의 전문성을 배우는 데 매우 효과적입니다. 페어 프로그래밍을 하지 않는다면 잘하는 사람이 작성한 결과물을 보고 '와, 잘한다!'라는 생각으로 그칠 수 있습니다. 그런데 여기서 중요한 것은

'잘한다'는 감탄이 나오게 만든 개발 '과정'입니다. 어떤 과정으로 설계하고 어떤 식으로 코딩하며 어떤 도구로 디버깅하는지, 변수명을 지을 때는 어떤 곳에서 힌트를 얻는지 등 개발 시에 보이는 사소한 행동 패턴에 효율적인 개발 방법이 녹아 있습니다. 구현된 결과물인 코드만 가지고는 이와 같은 노하우를 파악하기 어렵습니다. 페어 프로그래밍을 진행하며 서로의 노하우를 실시간으로 보고 각자가 잘하는 부분을 자연스럽게 배워보세요.

빠르게 드러나는 작은 갈등

누군가와 함께 일할 때 갈등이 없을 수는 없습니다. 갈등이 발생하면 피하지 말고 작은 단위로 드러내세요. 그리고 그 갈등을 빠르게 해소함으로써 신뢰를 쌓으세요. 작은 갈등일 때 해소하지 않고 마음속에 묻어두었다가 한꺼번에 터뜨리면 팀워크가 무너질 수 있습니다. 그러나 페어 프로그래밍을 하면 처음부터 서로 다른 생각을 공유하면서 각자의 스타일을 자주 마주하므로 갈등이 빨리 드러납니다. 마음의 여유를 가지고 '이 사람이 뭘 좋아하고 뭘 싫어하는구나', '이런 부분에서 생각이 다를 수 있구나'를 계속 인지하다 보면 호흡을 더 잘 맞추는 방법을 자연스럽게 체득할 수 있습니다.

함께할 때 생기는 용기

누군가와 함께하면 어려운 문제를 해결할 수 있다는 용기가 생깁니다. 막연하고 어려운 일에는 손이 잘 가지 않기 마련이지만, 혼자 할 때보다 페어 프로그래밍을 할 때 어려운 문제에 접근할 용기가 생깁니다. 용기라는 것은 단순해 보일 수 있지만, 실제로는 문제 해결에 있어 매우 중요합니다. 용기가 없으면 문제에 손을 대기까지 많은 에너지와 시간이 필요하기 때문입니다. 그래서 준과 슬도 어려운 문제를 마주하면 항상 그 문제를 함께 논의할 동료를 구합니다. 물론 다른 동료가 어려울 때도 당연히 함께 해결하려고 합니다. 여러 사람이 힘을 합하면 개인이 해결할 수 없던 어려운 문제의 답을 찾을 수 있습니다. 그렇다면 시도해보지 않을 이유가 없겠지요?

코드 리뷰하기

코드 리뷰는 팀 차원에서 내가 개발한 코드에 대한 피드백을 주고받는 중요한 과정입니다. 혼자 작성한 코드도 코드 리뷰 과정을 통해 팀 공동의 코드로 거듭나게 됩니다. 코드 리뷰를 할 때 다음과 같은 방법을 적용하면 큰 효과를 얻을 수 있습니다.

원하는 내용을 상세하게 요청하기

글을 첨삭할 때도 문법 위주로 봐주기를 바라는지, 글 전체 구조를 봐주기를 바라는지에 따라 받는 피드백이 달라집니다. 코드 리뷰도 마찬가지입니다. 검토자가 열심히 피드백했는데 작성자가 애

초에 그 부분을 수정할 생각이 없었다면 서로의 시간만 낭비한 셈이 됩니다. 그러므로 코드 리뷰 요청 전에 어떤 목적으로 쓴 코드이고 어떤 부분을 중점적으로 리뷰받고 싶은지 미리 공유하는 것이 효율적입니다.

슬의 팀은 당장 배포해야 하는 코드가 없는 경우에도 정기적으로 코드 리뷰 시간을 갖습니다. 이때 코드는 최근에 작성한 코드여도 되고 예전에 본인이 작성한 코드를 리팩터링한 것이어도 됩니다. 특히 오래전에 작성한 코드의 경우 팀원이 새로 합류했을 수도 있고 오래돼서 기억이 잘 나지 않는 사람도 있으므로 코드 리뷰 시작 전에 간단하게 브리핑하는 것이 좋습니다. 작성자는 코드의 목적과 고민하는 부분, 피드백을 받고 싶은 부분을 구체적으로 요청합니다. 이렇게 하면 짧은 시간 내에도 효과적으로 리뷰를 받을 수 있고 실질적인 코드 개선으로 이어질 확률도 더 높습니다.

스타일보다 동작에 대해 리뷰하기

피드백을 줄 때는 내가 그 사람의 '스타일'을 바꾸려고 하는 것은 아닌지 생각해보는 것이 좋습니다. 스타일은 네이밍을 하는 방식일 수도 있고 함수를 정의하는 방식일 수도 있습니다. 맥락에 따라 달라지긴 하지만, 예를 들어 size()를 사용하든 length()를 사용하든 동작에 영향이 없다면 둘 중 어느 것을 사용해도 크게 상관이 없는 것을 스타일이라고 할 수 있습니다. 물론 팀 내 정해진 스타일이 있다면 그 규칙에 맞춰 리뷰해야 하지만, 규칙이 아니거나 동작에 오류 위험이 있는 것이 아니라면 스타일에 대한 부분은 존중해야 합니다.

반대로 다른 팀원이 내 코드의 스타일에 대한 피드백을 했을 때도 코드가 동작하는 데 이상이 없다면 그대로 두는 것이 더 나을 수 있습니다. 다양한 스타일을 존중하고 허용함으로써 새로운 팀원도 서비스를 더 쉽게 배울 수 있으며, 결과적으로 서비스 운영의 안정성 향상에도 기여할 수 있습니다.

우선순위 중심으로 리뷰하기

더 효율적이고 깔끔한 코드를 작성하는 것은 개발자의 중요한 역할 중 하나입니다. 그런데 때로는 이로 인해 고객에게 가치를 전달해야 한다는 중요 목표가 우선순위에서 밀리는 경우도 있습니다. 일반적으로 기술적인 측면에서 충분히 신경 쓰지 못한 상태를 '기술 부채'가 있다고 합니다. 하지만 기술 부채가 항상 나쁜 것만은 아닙니다. 오히려 긴급한 상황에서 임시적으로 문제를 해결할 때는 기술 부채가 유용할 수 있습니다. 예를 들어 완벽한 코드를 작성하려고 시간을 지나치게 투자하다가 늦어지는 것보다는 완벽하지 않더라도 사용 가능한 상태로 빠르게 서비스를 출시하는 것이 더 중요할 때가 있습니다. 따라서 코드 리뷰를 할 때는 완벽한 코드보다 현재 비즈니스의 우선순위에 가장 부합하는 방향으로 접근해야 합니다.

결국 모든 서비스의 궁극적인 목표는 고객에게 가치를 제공하는 것임을 잊지마세요.

지금까지 '과정'을 공유하기 위한 방법으로 메신저를 통한 개발 과정 생중계, 페어 프로그래밍, 코드 리뷰에 대해 안내했습니다. 하지만 이 세 가지 방법 외에도 팀에 따라 더 적합한 방법들이 있을 겁니다. 그러므로 우리 팀에 활용할 만한 방법이 무엇일지 고민해보고 동료들과 함께 새로운 방법을 만들어보세요. 예를 들어 업무를 시작하기 전 미팅을 통해 업무 진행 상황을 공유할 수 있습니다. 또한 회고하는 시간을 정기적으로 갖는 것도 좋습니다. 중요한 것은 특정 방식만 따라 하기보다는 팀의 상황에 맞춰 효과적인 공유 방법을 찾는 것입니다.

좋은 멘토를
찾고 싶다면

미션

- 😖 내가 현재 하고 있는 일 중 피드백을 받고 싶은 항목 세 가지 이상 적어보기
- 😖 가장 중요한 일에 대한 피드백을 줄 수 있는 멘토 두 명 이상 찾기
- 😖 함께 공부하는 동료와 상호 멘토링하며 서로 문제 해결 과정을 이끌어보기
- 😄 내가 멘토가 되어줄 수 있는 멘티 상대 찾기

멘토에 대한 고정관념을 깨자

우리는 멘토에 대한 고정관념을 깨야 합니다. 멘토는 꼭 정답을 제시하는 사람이 아니라 우리가 원하는 목표에 도달할 수 있도록 피드백을 주는 사람입니다. 여기서는 멘토와 멘티에 대한 몇 가지 오해와 사실에 관해 이야기하겠습니다.

멘토에 대한 오해

멘토는 나보다 모든 부분을 잘하는 사람만 할 수 있다고 생각할 수 있습니다. 보통 주니어 시절에는 자신이 누군가의 멘토가 되기에 부족하다고 생각하는 경우가 많습니다. 하지만 누구나 멘토가 될 수 있고, 함께 스터디하는 동료 간에도 실력과 상관없이 서로의 멘토가 될 수 있습니다. 실력보다 중요한 것은 참여자의 능동성입니다. 그 이유는 능동적인 참여자만이 대화를 통해 실질적인 문제를 더 정확하게 파악하고 해결할 수 있기 때문입니다.

멘토는 나보다 뛰어나다

보통 멘토는 나보다 개발 실력이 뛰어난 사람이라고 생각합니다. 물론 개발을 더 잘하는 사람에게 피드백을 받으면 좋겠지만, 그 사람에게 피드백을 꾸준히 받으려면 많은 시간과 물리적 비용이 들 수 있습니다. 따라서 같이 학습하는 주변 동료들을 내 멘토로 삼으면 성장하는 데 도움이 됩니다.

우아한테크코스를 운영하는 준은 학생들의 멘토이지만 학생들이 준의 멘토가 되기도 합니다. 멘토는 결국 나에게 피드백을 주는 사람입니다. 준은 학생들의 열정을 느끼면서 항상 새로운 도전에 대해 고민하고 그 과정을 공유하며 피드백을 받습니다. 예를 들어 준은 교육자로서 도전하고 싶은 교육 경험, 향후 교육자로서 나아갈 방향 등을 평소 학생들에게 공유하며 피드백을 받습니다. 꼭 구체적인 피드백이 아니더라도 진행 상황에 대한 질문을 받는 것 자체가 큰 도움이었습니다. 학생들의 질문을 통해 구체적인 계획을 세우고 효과적으로 진행하는 방법에 대해 고민할 수 있었기 때문입니다. 이처럼 나보다 뛰어난 사람에게만 과정을 공유하거나 피드백을 요청할 필요는 없습니다. 지금 당장 주변 가까이에서 멘토를 찾아봅시다.

멘토는 정답을 알고 있다

멘토도 똑같이 고민하고 성장하는 사람입니다. 그렇기 때문에 모든 고민의 정답을 알 수는 없습니다. 각자의 상황에 따라 너무 다양한 해결 방향이 존재하므로 멘토에게 고민의 정답이나 우수한 사례를 묻는 것은 별로 효과적이지 않습니다. 멘토와 함께 찾아야 할 것은 정답이 아니라 '진짜 문제가 무엇인지'에 대한 것입니다. 진짜 문제가 무엇인지 알면 해결책이 쉽게 보이는 경우도 많습니다. 그래서 준은 누군가 고민을 이야기하면 진짜 문제가 무엇인지 같이 찾아보려고 합니다. 예를 들어 학생이 교육과정을 잘 따라가고 있는지 모르겠다고 이야기하면 다음과 같은 질문을 합니다.

"잘 따라가고 있는지 모르겠다고 했는데, 어떤 점 때문에 그렇게 생각했나요?"

"교육과정을 잘 따라가고 있는 동료의 기준을 세 가지 정도 뽑아 보면 어떤 게 있을까요?"

"그 세 가지 기준을 5점 만점으로 해서 자신의 점수를 한번 매겨 볼까요?"

"각 항목을 1점씩 올리려면 당장 어떤 것부터 해볼 수 있을까요?"

멘토의 역할은 '지금 우리가 해결해야 할 문제가 뭘까요?', '이 문제를 해결하는 데 어떤 방법을 시도할 수 있을까요?'와 같은 질문을 통해 문제 정의, 전략 설정, 적용한 방법에 대한 회고를 유도하는 것입니다. 멘토에게 정답을 요구하지 말고 문제를 명확하게 하는 것을 목표로 접근하면 더 좋은 답을 이끌어낼 수 있습니다.

멘토는 해당 분야의 전문가여야 한다

특정 분야의 전문가에게는 질문 내용이 당연하기 때문에 오히려 질문자에게 맞는 적절한 눈높이로 설명하지 못하는 경우가 많습니다. 따라서 왕초보 멘티에게는 전문가보다 이제 막 초보에서 벗어난 사람이 더 훌륭한 멘토일 수 있습니다. 왕초보 때 겪었던 어려움과 개선 과정을 가장 생생하게 기억하고 있기 때문입니다.

슬이 VR/AR을 주제로 하는 해커톤의 멘토를 담당했을 때 '나도 잘 모르는데 멘투 역할을 해도 되나?'라고 생각했습니다. 그런데 숙련도가 높을 거라고 예상한 것과는 달리 대부분의 참가자는 초중급 수준이었습니다. 당시 메타의 VR 디바이스인 Oculus Quest가 버전 2로 업그레이드된 지 얼마 지나지 않았을 때라 인터넷에서도 Quest2 API 연동 방법 관련 자료가 없어 많은 참가자가 어려움을 겪었습니다. 그래서 내부 개발자에게 Quest2에 Spark(메타 AR API)나 wit.ai(메타 자연어처리 API)를 연동하는 법을 물어봤고, 답변 내용을 정리한 가이드를 참가자들에게 제공했습니다. 이처럼 멘토가 반드시 전문가일 필요는 없으며 문제 해결에 필요한 지식이나 인맥을 멘티에게 연결해주는 것만으로도 충분히 역할을 다할 수 있습니다.

멘티에 대한 오해

멘티는 멘토의 절대적인 가이드를 수동적으로 따라가는 존재가 아닙니다. 멘티 자신이 본인의 경험을 주도하는 주인공입니다. 멘토는 가는 길 옆에서 응원해주고 돕는 역할을 할 뿐, 멘티에게 가장 잘 맞는 방법을 주도적으로 결정하는 주체는 멘티 본인이어야 합니다.

멘토가 이끌면 멘티는 따라가야 한다

멘토는 나에게 피드백을 주는 사람이지 정답을 알려주는 사람이 아닙니다. 멘토의 피드백이 정답이 아닌 경우도 많습니다. 멘토의 이야기에 귀를 기울이고 그 피드백을 반영하는 것은 좋지만, 멘토의 답을 그대로 따르기보다 나만의 해결 방법을 고민하는 것이 좋습니다. 그래야 다른 문제를 맞닥뜨렸을 때 스스로 해결할 수 있습니다.

준의 경우 멘토링을 할 때 항상 멘티의 의견을 먼저 듣고 난 후에 다른 방안을 제시합니다. 그리고 이때 최종 선택은 반드시 멘티가 해야 한다고 강조합니다. 준의 경험이 항상 정답이라고는 할 수 없기 때문입니다. 멘토에게는 정답이었던 경험이 멘티에게는 맞지 않거나 변수가 생겨 다른 방법을 찾아야 할 때도 많습니다. 그래서 멘토링 시 주체성은 멘티가 가져가야 합니다. 그래야 다른 문제에 직면해도 멘티가 스스로 문제를 정의하고 해결할 수 있습니다.

기억에 남는 멘토링 사례 하나를 공유하겠습니다. 한 멘티가 할 일은 계속 쌓이는데 아무것도 진행하지 못해 고민하고 있었습니다. 그래서 어떻게 문제를 해결할지 이야기를 나누었고 '마감 기한'을 정한 후 '다른 사람과 함께' 스터디를 하자는 전략을 세웠습니다. 그리고 멘토링 시간에 멘티 자신이 주도적으로 해야 할 일을 구체화할 수 있게 도와주었습니다.

- 스터디의 마감 기한 정하기
- 스터디 구성원을 모집하는 글 작성하기
- 슬랙에 스터디 모집 글 공유하기

이렇게 하니 1분도 채 지나기 전에 스터디를 신청한 동료가 생겼습니다. '다른 사람과 함께 스터디하기'와 같이 액션 플랜을 세우는 것에서 끝나는 것이 아니라 다른 사람과 함께 스터디하기 위한 '초반 액션' 사이클까지 만들어봤다는 점에서 특별한 경험이었습니다. 좋은 멘토링은 멘티가 잘 따라오게 만드는 것이 아니라 멘티의 능동성을 끌어내는 것입니다.

멘토는 나에게 정답을 알려주는 사람이 아니라 피드백을 제공하는 모든 사람입니다. 이 피드백을 어떻게 반영할지는 스스로 결정해야 합니다. 결국 핵심은 멘티인 '나'에게 주도권이 있다는 점입니다. 멘토의 이야기를 참고하여 내가 나아갈 길을 선택하는 것이라고 생각하면 됩니다. 마치 배를 운전할 때 선원이 오른쪽에 상어가 나타났다고 하면 왼쪽으로, 왼쪽에서 태풍이 온다고 하면 오른쪽으로 선장이 뱃머리를 트는 것과 같습니다. 내가 보기 힘든 방향을 보면서 피드백해주는 동료들을 많이 만나보세요. 그리고 나 또한 다른 사람이 보지 못하는 부분을 피드백하는 경험을 만들어보세요. 이 과정에서 다양한 방법을 고민하고 유용한 질문을 주고받으면 분명 서로에게 좋은 멘토가 될 수 있습니다.

기술적으로
함께 성장하고 싶다면

미션

- 😫 참여하고 싶은 해커톤 세 개 이상 알아보기
- 😫 사내 기술 블로그 또는 개인 기술 블로그에 써보고 싶은 글의 초안 작성하기
- 😫 참여하고 싶은 오픈 소스에 코드 리뷰 남기기

함께 성장할 때의 장점

소프트웨어 기술이 빠르게 발전함에 따라 개발자도 그 변화에 발맞춰 기술력을 높여야 하지만 혼자만의 노력으로는 어렵습니다. 훌륭한 개발자는 다른 사람들과 비전을 공유하면서 함께 성장하는 경우가 많습니다. 혁신이 중요한 기술 분야에서는 특히 더 그렇습니다. 따라서 성장하는 개발자가 되기 위해서는 스스로 다른 사람과 함께 배울 수 있는 경험을 찾는 것이 중요합니다.

함께 성장할 때의 가장 큰 이점은 다른 관점을 배울 수 있다는 것

이고, 이는 불확실한 문제에 대한 해결책을 넓게 보는 데 도움이 됩니다. 이 세상에 나와 똑같이 개발하는 사람은 없으며 각자 자신만의 고유한 경험, 아이디어, 문제 해결 접근 방식을 갖고 있습니다. 또한 자신의 맹점을 비롯해 앞으로 어떤 영역으로 나아가야 하는지 파악하는 데도 유용합니다.

함께 성장할 때의 또 다른 장점은 관계를 구축할 수 있다는 것입니다. 다른 사람과 함께 프로젝트를 진행하면 목적을 공유하고 문제를 해결하는 과정에서 동지애를 느낍니다. 이런 감정은 생각보다 성장하는 데 있어 매우 큰 동기를 부여합니다. 또한 잘 구축한 관계는 나에게 잘 맞는 일자리를 찾거나 새로운 기회를 찾을 때와 같이 시간이 흐른 후 다른 가치로 발휘되는 경우도 있습니다. 지금부터 함께 성장할 수 있는 세 가지 기회를 소개하겠습니다.

해커톤 참여하기

첫 번째 방법은 해커톤에 참여하는 것입니다. 기술력을 높이기 위해 반드시 필요한 노력 중 하나가 바로 지속적인 학습입니다. 개발자는 고품질의 소프트웨어를 개발하기 위해 최신 기술과 도구를 지속적으로 접하고 습득해야 합니다. 또한 업계의 트렌드와 변화도 놓치지 않아야 합니다. 하지만 이를 늘 팔로우하는 것은 쉽지 않습니다. 그래서 때로는 몰입도 있게 학습할 수 있는 환경에 빠져보는 것도 좋습니다. 해커톤은 짧은 시간 동안 새로운 기술을 익히고 다른 개발자와 함께 협업할 수 있는 경험을 제공합니다.

2015년 페이스북은 VR을 테마로 하는 사내 해커톤을 진행했습니다. 이 해커톤의 목표는 직원들이 가상현실 기술을 실험하고 페이스북이 인수한 가상현실 헤드셋 회사인 오큘러스 리프트Oculus Rift의 프로토타입을 제작하도록 장려하는 것이었습니다. 해커톤을 진행하는 동안 페이스북 직원은 최신 오큘러스 리프트 개발 키트에 접근할 수 있었고 아이디어를 자유롭게 실험할 수 있었습니다. 그 결과 200개 이상의 제출물을 만들었고 꽤 많은 프로젝트가 이후 상용 제품으로 개발되었습니다. 당시의 성공적인 진행으로 현재까지도 전 세계 페이스북은 연례 해커톤 시리즈를 개최하고 있고, 해커톤은 직원들 사이에서 혁신과 협업 그리고 기술 성장을 장려하는 문화로 자리 잡았습니다.

효과적인 학습이란 단순히 정보를 암기하는 것이 아니라, 그 정보를 실제 상황에 적용하며 경험하는 것을 의미합니다. 그런 의미에서 해커톤은 빠르게 동작 가능한 제품을 만들고 그 과정에서 협업하며 실제 제품처럼 만들면서 피드백을 받을 수 있기 때문에 매력적인 경험이 될 수 있습니다.

기술 블로그 글 작성하기

두 번째 방법은 기술 블로그에 글을 작성하는 것입니다. 본인의 블로그도 괜찮지만, 사내 기술 블로그에도 참여해보세요. 사내 기술 블로그는 개인 블로그보다 더 많은 사람이 접속하기 때문에 훨씬 다양한 피드백을 받을 수 있습니다. 그 과정에서 자신의 경험을 되돌아볼 수 있을 뿐 아니라 동료들의 이야기를 통해 통찰력을 얻고 기술 역량을 높일 수 있습니다.

쇼피파이Shopify는 회사의 기술 블로그를 바탕으로 성장한 회사입니다. 쇼피파이 엔지니어링 블로그*에는 전자 상거래, 클라우드 컴퓨팅, 소프트웨어 엔지니어링을 비롯해 다양한 기술 주제에 대한 게시물이 있습니다. 쇼피파이는 블로그를 통해 앱 배포, 확장을 위한 컨테이너화, 쿠버네티스 사용과 같은 자체 개발 프로세스 및 도구에 대한 정보를 공유함으로써 유사한 기술 스택을 채택하는 데 관심이 있는 다른 회사 및 개발자와 관계를 구축했습니다. 그리고 쇼피파이는 이 과정을 통해 전자 상거래 분야의 기술적 리더로 자리매김했습니다. 개인과 한 팀의 경험이 회사 내에서만 공유된 것이 아니라 업계에까지 영향을 미친 것입니다.

---

* https://engineering.shopify.com

오픈 소스에 기여하기

세 번째 방법은 코드 리뷰어로서 오픈 소스에 기여해보는 것입니다. 오픈 소스에 기여하는 경험으로 잘 알려진 예는 리눅스 커널 Linux kernel 개발 프로세스입니다. 리눅스 커널은 전 세계적으로 2만 명 이상의 기여자가 있는 오픈 소스 프로젝트입니다. 리눅스 커널 개발 팀은 코드의 품질과 보안을 보장하기 위해 개발자가 서로의 코드를 검토하고 피드백을 제공하는 엄격한 코드 검토 프로세스를 갖추고 있습니다. 코드 검토자로서 오픈 소스 프로젝트에 기여하면 새로운 코딩 기술을 배우고 팀과 함께 작업하는 경험을 쌓으며 숙련된 개발자로부터 피드백을 받을 수 있습니다.

만약 오픈 소스에 참여하는 일이 너무 막연하게 느껴진다면 내가 중점적으로 학습하는 프로그래밍 언어를 기반으로 한 인기 프로젝트를 찾아보는 것부터 시작하면 됩니다. 그리고 다른 사람들이 작성한 PR을 보고 코멘트를 남기는 것으로 시작해서 부담을 줄여보는 것도 좋습니다. 그렇게 커뮤니케이션을 하다가 해당 프로젝트에서 다른 사람들이 어떤 버그나 이슈를 제기했는지 살펴보고 공감되는 문제를 개선해보는 것입니다.

소프트웨어 산업은 점점 더 빠른 속도로 발전하고 있고 개발자에겐 최신 기술을 따라잡는 역량이 더 중요해졌습니다. 이를 위해서는 지속적인 학습 및 동료와 협력하는 능력도 필요하지만, 이것만이 정답은 아닙니다. 단순히 타인의 경험을 따라가는 것이 아니라 자신만의 성장 전략을 만들어야 합니다.

성장 경로를 설정하는 방법은 자신의 목표를 명확히 하는 것입니다. '특정 기술 분야에서 전문가가 되고 싶은가요? 아니면 다양한 분야를 탐험하고 싶은가요?' 또는 '자신만의 앱을 만들거나 오픈 소스 프로젝트에 기여하고 싶은가요?' 같은 질문을 통해 원하는 방향을 찾을 수 있습니다.

궁극적으로 가장 중요한 것은 자신에게 의미 있고 만족스러운 길을 찾는 것입니다. 해커톤 참여, 기술 블로그 작성, 오픈 소스 기여 등의 핵심은 계속 참여하고 호기심을 가지며 나다운 개발자가 되기 위해 앞으로 나아가는 것입니다. 자신에게 가장 적합한 방식을 찾아 더 나은 개발자로 성장해보세요.

프로그래머로 성장하는 과정에서 다른 사람들과 함께 배우고 역량을 키우는 경험은 중요합니다. 그러나 우리는 종종 혼자 일하거나 공부하는 환경에 처할 수 있는데, 이러한 환경에서도 성장할 수 있는 환경을 만드는 방법이 있습니다.

먼저 커뮤니티나 스터디 그룹에 참여하거나 직접 만들어볼 수 있습니다. 물론 이 과정에는 용기가 필요합니다. 그래서 작게 시작하는 것이 중요합니다. 비슷한 환경에 처한 사람들과 함께 소규모로 시작하는 것을 추천합니다.

만약 회사에서 혼자 일하는 환경이라면 함께 일한 경험이 거의 없는 사람들과 동료가 되는 것도 좋습니다. 사내에서 스터디 그룹을 만들어 함께 학습하거나 다른 직군의 동료와 페어 프로그래밍을 하는 등 함께하는 경험을 스스로 만들어보세요.

작은 단위의 협업을 통해 성장했다면 팀 내에서 협업을 잘하는 방법에 대해서도 고민해보세요. 팀원들과 긴밀하게 소통하고 정보를 공유하며 작업을 진행하는 것이 협업의 핵심입니다. 이렇게 협업 능력을 향상시키면 팀원 간의 신뢰도가 높아지고 팀 내 총체적인 퍼포먼스를 끌어올릴 수 있습니다. 예를 들어 팀의 신속한 의사 결정, 더 빠른 문제 해결 그리고 새로운 아이디어의 빠른 실행 등을 가능하게 합니다.

협업을 위해 메신저와 회의를 잘 활용하는 것도 중요합니다. 특히 회의는 혼자서 일하는 것과는 다른 경험이며 회의 전과 후 그리고 진행 중에 필요한 사항들을 잘 계획하는 것이 중요합니다. 또 페어 프로그래밍, 코드 리뷰를 하며 코드 작성 과정을 자주 공유하면 성공을 이끌 수 있습니다.

주니어 개발자들은 종종 멘토의 존재에 큰 기대를 가지기도 합니다. 하지만 누구든 멘토가 될 수 있다는 생각을 받아들이면 여러 사람들로부터 피드백을 받기 위해 더욱 적극적으로 소통하는 용기가 생깁니다. 이 과정에서 다양한 관점과 지식을 얻을 수 있고 개인적으로도 더 빠르게 성장하여 나 또한 다른 사람의 멘토가 될 수 있습니다.

기술적으로 더 성장하고자 하는 엔지니어라면 기술 블로그를 작성하거나 해커톤, 오픈 소스 프로젝트 등에 참여하는 것도 좋습니다.

다른 사람과 함께 배우고 성장하는 것은 개발자로 성장하는 과정에서 매우 중요합니다. 혼자 일하거나 공부하면서 성장하는 방법을 찾는 것은 어려울 수 있지만, 성장을 위한 환경을 만드는 것은 별로 어렵지 않습니다. 커뮤니티나 스터디 그룹에 참여해보세요. 피드백 관계를 만들어 협업하다 보면 혼자일 때보다 위대한 일을 성취할 수 있을 것입니다.

)** :-: (><

5장

다른 무대에도 서보고 싶어

새로운 기회나 무대에 도전하는 일은 간단하지 않은 결정입니다. 이 장에서는 내가 정말 원하는 것이 무엇인지 찾아본 후 그에 따른 행동 계획을 세우는 방법에 대해 알아봅니다. 이직을 고려하는 경우나 네트워킹 전략 등 나만의 무대를 찾아 나서는 방법을 함께 살펴봅시다.

5장 미션을 공유해요

스멀스멀 피어나는
이직 욕구

미션

😆 회사에서 이루고 싶은 나의 욕구 리스트 세 가지 작성하기

😆 내가 일을 잘할 수 있는 환경 요소 세 가지 찾기

😆 내가 이루고 싶은 일 중 현재 환경에서 시도할 수 있는 것 세 가지 작성하기

이직을 고민할 때 필요한 진단

회사에 다니다 보면 스멀스멀 이직 욕구가 생기는 경우가 있습니다. 이럴 때일수록 내 마음을 정확하게 진단해야 합니다. 회사에 대해 아쉬운 부분을 먼저 생각하기보다 내가 원하는 것이 무엇인지 어떤 환경에서 일을 잘할 수 있는지부터 되돌아봐야 합니다. 단순한 불편함 때문에 이직하고 싶은 것인지, 아니면 환경적으로 개선이 필요하기 때문에 이직하려는 것인지 체크하다 보면 내가 해야 할 행동이 더 명확해집니다. 이를 위해서는 회사에 원하는 것과 일하는

데 필요한 환경 등을 리스트로 작성해두는 것이 좋습니다. 이 리스트를 바탕으로 현재 환경에서 개선 가능한 부분이 있는지 아니면 새로운 환경을 찾아야 하는지 판단할 수 있습니다.

체크리스트 1
회사에서 얻고자 하는 것

회사 업무에 치이다 보면 이 회사에 입사해서 무엇을 얻고자 했는지 그 목표가 흐릿해질 수 있습니다. 그러므로 현재 몸담고 있는 회사에서 꼭 얻고 싶은 것이 무엇인지 목록으로 작성해보는 것이 좋습니다. 힘든 상황이 올수록 그 목록에 있는 일을 하고 있는지 생각해봅니다. 이때 각 항목은 최대한 구체적이고 능동적으로 작성하는 것이 좋습니다.

　다음과 같은 항목은 모호하기 때문에 나중에 리스트를 보면서 내가 잘하고 있는지 판단하기 어렵습니다.

- 나의 커리어 패스career path*를 생각할 때 나아가고 싶은 방향과 현재 담당하는 직무가 일치하는가?
- 회사를 잘 다니고 있는가?

---

* 한 개인이 직업을 선택하고 그 직업에서 얻는 전반적인 직무 경험과 경력 관리를 말합니다.

이는 '커리어 패스'와 '회사를 잘 다닌다는 것'이 상황에 따라 다르게 정의될 수 있기 때문입니다. 예를 들어 회사를 잘 다닌다는 것의 정의를 '긴급 배포와 같은 일정 외에는 업무에 시간을 쏟지 않고 워라밸을 지키는 것' 또는 '나의 잠재력과 열정을 업무에 맘껏 발휘하는 것'과 같이 구체적으로 적어야 나중에 자신이 그런 환경에 있는지 없는지 판단할 수 있습니다.

다음은 위 항목을 개선하여 구체적으로 작성한 예시입니다.

- 회의할 때 내 아이디어를 자유롭게 공유할 수 있는 환경인가?
- 아이디어나 의견을 제시할 수 있는 미팅 시간이나 회고 시간이 주기적으로 확보되어 있는가?
- 서비스의 핵심 기능과 관련된 코드를 리팩터링하고, 아키텍처까지 다루는 영역이 확보되는 팀인가?

이렇게 구체적인 항목을 모두 달성한 경우 목적한 바를 이뤘기 때문에 이직에 대한 생각이 더 강해질 수도 있습니다. 이때는 다음 단계로 무엇을 달성하고 싶은지 작성해봅니다. 그리고 재직 중인 회사에서 그 내용을 달성할 수 있는지 아니면 다른 환경을 찾아야 하는지 판단합니다.

만약 리스트를 달성하지 못한 경우 내가 지금까지 팀에서 해온 일, 앞으로 할 수 있는 일의 종류가 내가 달성하려는 일의 방향과 일치하는지 살펴봅니다. 예를 들어 아키텍처에 관심이 있는 사람에게 버그 픽스나 유지 보수를 하는 일만 배정되었다고 가정해봅시다. 회사는 내가 원하는 일만 할 수 있는 곳은 아니지만, 그래도 원하는 일을 아예 못하거나 낮은 비율로 담당한다면 상사에게 내가 원하는 사항을 확실히 얘기하여 관련 일을 주도적으로 하도록 할당받을 수 있습니다. 상사를 설득하는 데 실패했거나 상사가 약속한 부분을 잘 지키지 않는다면 그때 이직을 준비해도 됩니다. 이렇게 하면 내가 원하는 결과를 얻지 못하더라도, 피드백을 받기 위해 노력한 경험이 다른 작업이나 프로젝트에서 문제를 해결하는 역량으로 발휘됩니다.

체크리스트 2
일을 잘할 수 있는 환경

대부분의 사람은 현재 자신이 놓인 상황을 전반적이고 객관적으로 이해하려고 하지 않습니다. 그보다 현재 직면한 문제에 더 집중하는 경향이 있습니다. 이런 현상을 터널 비전tunnel vision이라고 합니다. 터널 안에 들어가면 터널의 내부만 보이고 밖은 보이지 않듯이 한 가지에 지나치게 몰입하여 주변 상황을 객관적으로 바라보지 못하는 상황을 말합니다. 보통 힘든 환경은 한 가지 어려움보다 여러 가지 상황이 복합적으로 얽혀 있는 경우가 많습니다. 그래서 때

때로 문제에서 한 발짝 물러나서 바라볼 필요가 있습니다. 이를 위해 평소에 내가 어떤 환경에서 효율적으로 일할 수 있는지 기록해두면 어려운 상황에서도 넓은 시야로 문제를 바라볼 수 있습니다. 나중에 이직할 회사의 문화와 환경을 찾아볼 때도 이 리스트를 보면서 나에게 더 잘 맞는 환경으로 만들 수 있는 곳인지 판단해보세요. 리스트는 최대한 구체적으로 작성하는 것이 좋습니다.

예를 들어 슬은 이직을 결심하기 전에 다음과 같은 체크리스트를 작성했습니다. 이를 통해 커뮤니케이션 능력과 프로그래밍 능력이 모두 요구되며 팀워크 문화가 발달한 곳으로 이동하는 것이 잘 맞을 것 같다고 확신할 수 있었습니다.

모호한	구체적인
사람들과 커뮤니케이션할 기회가 많은가	나는 메신저보다 직접 만나서 커뮤니케이션하는 것을 좋아한다. 주 x회 이상은 동료와 대면하면 좋겠다.
팀 내 코드 리뷰 문화가 있는가	코드 리뷰가 내게 효과적인 학습 방법이므로 코드 리뷰를 통해 피드백을 자주 주고받으면 좋겠다.
재택근무를 자유롭게 할 수 있는가	내가 효율적으로 일할 수 있는 환경을 스스로 정의하고 만들 수 있는 자유가 있다.
나를 자유롭게 표현할 수 있는가	내 생각이나 의견을 말해도 내 의도가 오해받지 않을 것이라는 안전감이 있다.
동료와 새로운 기술을 스터디할 수 있는 환경인가	새로운 기술을 팀 서비스에 적용하기 위해 관심 있는 동료들과 함께 정기적으로 학습할 수 있는 분위기면 좋겠다.

내가 일을 잘할 수 있는 환경 리스트 작성 예시

체크리스트 3
지금 당장 시도할 수 있는 것

내가 이루고자 하는 목표와 가장 효율적으로 일할 수 있는 환경을 파악한 후에는 현재의 환경과 위치를 파악해볼 차례입니다. 사실 이직에 대한 욕망이 피어오를 때 내가 있는 환경에서 조금만 다른 시도를 해보면 이직보다 훨씬 더 쉽게 의미 있는 결과를 만들어낼 수도 있습니다. 개인마다 기술적 도전, 인간관계, 멘토의 존재, 근무 형태, 커리어 성장 등 다양한 욕구가 있습니다. 여러분이 가진 욕구의 우선순위를 먼저 매겨보세요. 그리고 그 우선순위를 현재 상황에서 왜 달성하기 어려운지, 내가 해볼 수 있는 다른 시도는 없는지 고민해보세요.

다음과 같이 내가 이루고 싶은 일 중 현재 환경에서 이룰 수 있는 것과 이루기 어려운 것을 체크해보고, 우선순위를 매겨 어떤 항목이 가장 중요한지도 파악해보세요.

우선 순위	항목	내가 지금 당장 시도할 수 있는 것	내가 시도하거나 변경하기 어려운 것
1	연봉		
2	동료와의 관계		
3	근무 형태		
4	기술적인 도전		

'지금 낭장 시도할 수 있는 것' 리스트 작성 예시

우선순위와 기준을 가지고 보면 이직에 대한 욕망이 도피를 위한 것인지, 개발자로서의 성장과 커리어를 위한 것인지 명확히 보입니다. 만약 도피성이라면 현재 몸담고 있는 환경에서 내가 할 수 있는 일을 충분히 시도해본 후에 이직하는 것이 다음 직장에서도 도움이 됩니다. 그렇지 않으면 다음 환경에서도 비슷한 문제가 발생했을 때 똑같이 도피할 확률이 높습니다. 만약 중요한 항목 대부분을 현재 환경에서 얻을 수 없다면 나와 팀 모두를 위해 다른 환경을 찾는 것이 서로에게 더 이로울 수 있습니다.

간혹 이직하는 것에 죄책감을 느끼는 경우가 있는데, 새로운 무대를 향한 욕구는 결코 부정적인 마음이 아닙니다. 나에게 맞는 환경으로 개척하고 나의 무대를 넓혀나가려는 주체적인 자세의 결과입니다. 물론 내가 소속된 팀에서 필요로 하는 업무는 중요합니다. 하지만 '그 일이 나에게 어떤 의미가 있는가'라는 질문에 답하기 어렵다면 그 일을 지속하는 것은 결국 나를 지치게 할 것입니다. 그리고 내가 원하지 않는 일을 하는 데 익숙해지면서 원하지 않는 일만 지속하게 될 확률이 높습니다. 그러므로 자신에게 가장 건강한 환경을 파악해둘 필요가 있습니다.

욕구의 원인을 명확히 파악하지 않은 채 이직하면 원하는 것을 얻지 못하고 기존에 누리던 것들마저 잃을 수 있습니다. 제자리걸음 혹은 하향 지원이 아니라 내 영역을 넓히는 방향으로 이직하기 위해서는 내가 얻고자 하는 것을 정리한 리스트와 일을 잘할 수 있는 환경 리스트를 점검한 후, 그것을 제공할 수 있는 환경을 개척하는 것이 중요합니다. 현재의 환경을 바꾸기 어렵다면 나에게 맞는 환경을 찾는 쪽을 선택해야 합니다. 구체적으로 어떤 시도를 할 수 있는지 바로 이어서 살펴보겠습니다.

현재 회사에서 할 수 있는 시도

미션

- 😆 동료와의 관계를 발전시킬 작은 도전 한 가지 시도하기
- 😆 기술적인 성장을 위한 작은 도전 한 가지 시도하기
- 😆 다른 사람에게 도전 거리를 공유하고 피드백받기

환경 개선을 위한 액션

앞서 욕망의 우선순위와 내가 원하는 환경이 무엇인지 파악해보았습니다. 이제는 현재의 환경에 미련이 생기지 않도록 무엇을 실제로 할 수 있는지에 집중할 시간입니다. 동료와의 관계, 기술적인 도전의 부재, 연봉 문제 등은 대부분의 직장인이 하는 고민입니다. 따라서 현재에 미련이 남지 않도록 환경을 먼저 개선해본다면 다른 환경에서도 내가 처한 상황을 바꿀 수 있을 것입니다.

동료와 갈등이 생겼다면

동료와의 갈등 때문에 이직을 고려하는 상황도 있습니다. 물론 갈등이 반복된다면 함께 있는 것보다 떠나는 것이 더 나을 수도 있습니다. 단 갈등의 원인이 무엇이었는지, 그 갈등을 해결하기 위해 어떤 일을 시도했는지 생각해봐야 합니다. 갈등은 누구나 겪습니다. 하지만 누군가는 갈등으로 업무에 큰 지장을 받지 않는 반면, 누군가는 갈등 때문에 괴로워하는 경우가 있습니다. 즉, 이를 현명하게 해결하는 사람도 있다는 것입니다. 직급이 올라갈수록 갈등을 현명하게 해결하는 역량이 더 중요해집니다.

새로운 회사에서도 인간관계 문제는 발생할 수 있습니다. 그러니 최대한 노력해보고 그래도 해결되지 않는다면 그때 이직을 준비하세요.

1:1로 감정 회고하기

서로에게 불편한 마음이 있는 동료와 솔직하게 감정을 공유하는 것은 힘들 수 있습니다. 또 이것이 어떤 효과를 가져올지도 의문스럽죠. 하지만 동료와 1:1로 감정을 회고하다 보면 서로를 오해했던 점을 쉽게 파악하는 경우가 많습니다. 이때 가장 중요한 것은 본인과 상대방 모두 마음을 활짝 연 상태로 솔직하게 대화에 임해야 한다는 것입니다.

슬은 부드럽지만 전달력 있게 대화하는 방법에 대해 고민하다가 '갈등 마주하기'라는 주제의 온라인 강의를 수강했습니다. 대화할 때 테이블의 어떤 위치에 앉을지, 어떤 대화부터 시작할지 등을 공부했습니다. 감정적인 이야기를 할 때는 각진 테이블보다 원형이 좋고, 사각 테이블에 앉을 경우 서로 마주보기보다 옆자리에 앉아 상대방이 편안함을 느끼게 하는 것이 좋습니다. 그리고 어색하더라도 포인트를 명확하게 전달하여 핵심 내용이 무엇인지 헷갈리지 않게 하는 것이 중요합니다. 또 중요한 대화를 할 예정이라면 이를 미리 알려서 상대방도 준비하고 나오도록 하는 것이 좋습니다.

슬의 경우 직급이 높은 팀원과 감정 회고를 할 때 대화를 시작하는 것 자체를 힘들어했었는데, 강의 내용을 대화에 적용한 결과 서로의 상황을 몰라서 오해했던 부분, 상대방이 일부러 그런 것이 아니라 자신감이 부족하여 서로 오해했던 부분이 있음을 알게 되었습니다. 그래서 이 부분을 함께 해결할 방안에 대해 건설적인 이야기를 나누었고 전보다 깊은 관계를 맺을 수 있었습니다.

팀 차원에서 문제 해결하기

만약 혼자서 해결하기 어려운 문제가 있다면 팀 차원으로 문제를 제기하고 해결책을 모색하는 것도 하나의 방법입니다. 문제보다 사람에게 집중하게 되면 솔직한 의견 교환이 어렵고 문제를 제기하는 입장과 방어하는 입장으로 나뉘어 대립하기 쉬워집니다. 따라서 팀 단위로 문제를 해결할 때는 특정 인물이나 그룹을 지목하지 않고, 문제 해결이 팀에 어떤 도움을 주며 어떤 영향을 미칠지에 초점을 맞춰야 합니다. 또 1 : N 구조보다 모든 사람이 이슈에 대해 자신의 의견을 허심탄회하게 말할 수 있는 환경을 만드는 것이 중요합니다.

나만 조용히 참으면 되는데 괜히 긁어 부스럼이 되는 것은 아닐까 하는 두려움이 생기기도 합니다. 또 내가 너무 많은 것을 바라고 팀의 조화를 해치는 것은 아닌지 의문이 들 수도 있습니다. 하지만 용기를 가지고 이야기를 꺼내보세요. 계속 참기만 하면 오히려 갈등이 걷잡을 수 없이 커져 손을 쓸 수 없게 될 수도 있습니다.

다른 영역 담당하기

앞의 방법을 시도했는데도 문제가 잘 해결되지 않았다면, 팀장 또는 인사 담당자에게 일이 서로 겹치지 않도록 해줄 수 있는지 요청하는 것도 한 가지 방법입니다. 이 방법은 업무를 바라보는 관점의 차이로 인해 어려움을 겪고 있고, 그 차이가 좀처럼 좁혀지지 않을 때 마지막으로 고려할 수 있는 선택지입니다. 이때 중요한 것은 상대방을 비난하지 않으면서 어떤 어려움과 차이점 때문에 요청하는지 자세히 설명하는 것입니다. 앞의 모든 단계를 시도했다면 가능한 해결책을 다 해본 것이므로 미련이 남지 않습니다.

기술적인 성장과 도전이 부재하다면

'기술 성장'이라고 하면 어떤 이미지가 떠오르나요? 팀을 이끄는 '기술 리더'가 되는 것인가요? 아니면 사회나 사용자에게 긍정적인 영향을 주는 프로젝트를 성공시키는 것인가요? 사실 기술적인 성장은 이보다 더 다양한 형태로 나타날 수 있습니다. 만약 '사회나 사용자에게 긍정적인 영향을 주는 프로젝트'가 기술적 성장에 대한 목표라면 현재 그러한 프로젝트를 구현할 수 있는 환경이 맞는지 자문을 구해야 합니다. 반대로 '조직 내에서 더 큰 책임과 영향력을 가지는 것'이 기술적 성장의 기준이라면 현재 속한 조직에 그러한 역할을 수행할 수 있는 조건이 충족되어 있는지 검토해야 합니다. 더 나아가 영향력을 높일 수 있는 동료나 멘토와 어떻게 협력할지에 대해서도 계획을 세워야 합니다. 두 기준 모두 단순한 스킬 향상을 넘어 내가 추구하는 가치와 깊게 연결되어 있습니다. 이를 실현하는 데에는 다양한 길이 있다는 것을 알아두는 것이 중요합니다.

토이 프로젝트 진행하기

회사 일을 통해 기술적인 성장과 도전을 실행하기 어렵다면 토이 프로젝트를 진행하면서 프로그래밍 실력을 더 뾰족하게 연마하는 방법도 있습니다. 회사 직원들과 함께 프로젝트를 진행해보려고 하는데 오히려 의욕만 꺾이는 상황이라면 회사 내에서 프로젝트를 지속하는 것보다 회사 바깥에서 협업의 기회를 찾는 것이 더 좋은 방법일 수 있습니다.

데브폴리오

데브폴리오*와 같은 웹사이트에서는 개발자들의 토이 프로젝트를 확인할 수 있습니다. 하나씩 둘러보면 기발한 아이디어나 재미있는 도전들이 많은데, 이런 토이 프로젝트가 하나의 서비스로 확장되는 경우도 있습니다. 이처럼 사이드 프로젝트를 통해 회사에서는 기술적으로 시도하기 어려운 도전을 경험하면서 예상치 못한 긍정적인 결과를 얻을 수도 있습니다.

* https://devfolio.kr

오픈 소스에 기여하기

만약 토이 프로젝트보다 큰 규모의 프로젝트에 참여하고 싶다면 전 세계적으로 사용되는 오픈 소스에 기여하는 것도 훌륭한 경험이 됩니다. 작은 버그를 잡는 것만으로도 충분히 기여할 수 있죠. 예를 들어 리액트와 같이 유명한 오픈 소스에서 문제를 찾고 그 문제에 대한 해결 방안을 pull request[*]로 제시했는데, 그 방안이 문제의 해결책으로 받아들여지면 인상적인 이력을 남길 수 있습니다. 또한 토이 프로젝트는 프로그래밍을 연습하는 데 적합한 반면, 오픈 소스는 다른 사람들의 코드도 볼 수 있고 다른 개발자들과 깃으로 협업하는 경험도 할 수 있습니다. 특히 해외 개발자들과의 협업은 매우 특별한 경험이 될 수 있습니다.

또 README에 작성된 내용을 수정하거나 영어로 된 문서를 한국어로 번역하는 데 기여할 수도 있습니다. 더불어 대규모 오픈 소스 프로젝트의 문서와 코드는 쉽게 이해할 수 있도록 세심하게 작성되어 있습니다. 그래서 자신의 글과 코드를 타인에게 설명하는 연습을 하기에도 좋습니다.

---

[*] pull request란 깃(Git)에서 내가 작업한 코드를 검토 후 공동 repository에 병합해 달라는 요청입니다.

연봉이 고민이라면

좋은 회사가 돈을 적게 주는 경우는 없지만, 그렇다고 돈을 많이 주는 회사가 반드시 좋은 회사라고도 할 수 없습니다. 연봉이 낮아 고민된다면 현재 연봉이 상대적으로 낮은 것인지 아니면 절대적으로 부족한 것인지 판단해볼 필요가 있습니다. 전에는 괜찮았는데 최근 입사한 지인이나 친구보다 연봉이 턱없이 낮다는 사실을 알고 갑자기 이직 생각이 들었다면 연봉 외에 현 회사에서 얻을 수 있는 장점이 무엇인지 생각해봐야 합니다. 지금은 1천만 원의 차이가 크게 느껴질 수 있지만, 성장에 유리한 환경에서는 1–2년 내에 이 차이를 쉽게 극복할 수 있습니다. 더 멀리 나아가기 위해 한 걸음 뒤에서 발돋움하는 것은 더 큰 성장을 위해 당장의 소득을 조금 희생하는 전략이 될 수 있습니다.

만약 절대적으로 돈이 부족해서 일에 집중하기 힘든 경우 이직을 고려하거나 회사에 말해보는 것이 좋습니다. 적어도 일에 집중할 수 있을 정도는 받아야 다른 일을 하지 않고 회사 일에 집중할 수 있기 때문입니다. 또 개발자 경력 초기에는 당장의 돈보다 성장에 투자하는 시간이 훨씬 더 중요한데, 절대적인 돈이 부족하면 성장에 투자하기 어려울 수 있습니다. 연봉 문제를 이야기할 때는 개인적인 성장보다는 조직에 초점을 맞추어 자신이 회사와 조직에 어떤 기여를 했는지 강조하고, 이를 실질적인 결정권자와 논의하는 것이 바람직합니다.

현재 몸담고 있는 환경에서 겪은 문제는 다른 환경에서 또 발생할 확률이 높습니다. 그러므로 지금 환경에서 미련이 남지 않도록 원하는 변화를 만들기 위해 노력해볼 필요가 있습니다. 그래야 자신이 어떤 상황에서 어떤 시도를 할 수 있는지 깨달을 수 있습니다. 만약 이런 경험이 없다면 이직하는 것 외에 다른 선택지를 찾지 못할 수도 있습니다. 하지만 어려운 상황을 극복하기 위한 노력은 결국 어떠한 환경에서도 유리한 위치를 차지할 수 있는 강력한 역량으로 발전할 것입니다.

다음 무대가 다가오게 하는 방법
- 기록 편

다음 무대를 향하여

현재 환경에서 변화를 이끌어내기 위해 다양한 노력을 기울였는데도 큰 변화가 없다면 성장을 위해 새로운 무대로 이동하는 것이 바람직한 선택일 수 있습니다. 이때 내게 맞는 무대를 찾는 방법은 그 무대가 나에게 자연스럽게 다가오도록 하는 것입니다. 보통은 내게 맞는 무대를 찾은 후 그에 맞춰 준비하지만, 평소에 자신의 경험을 잘 기록하고 드러낸다면 다음 무대를 위한 기회가 자연스럽게 찾아올 수 있습니다.

기록할 수 있는 다양한 온라인 채널

다음 무대가 다가오게 하려면 일단 나라는 사람이 어떤 일을 하고 어떤 것에 관심이 많은지 알려야 합니다. 따라서 내 생각, 경험, 성장 과정이 드러나도록 나의 활동을 평소에 기록해두는 것이 좋습니다. 과정을 통해 나의 방향성을 보여주면 피드백을 얻을 기회도 많아집니다. 링크드인, 깃허브, 블로그 등 나와 맞는 온라인 채널에 자신만의 기록 방식으로 경험을 정리해보세요.

링크드인

개발자를 시작하는 단계에서는 전문적으로 자신을 소개하는 페이지를 만들거나 활동을 꾸준히 기록하는 일이 부담스러울 수 있습니다. 이럴 때는 링크드인*을 활용해보는 것을 추천합니다.

링크드인은 비즈니스 전문 소셜 미디어인데, 구인/구직/동종 업계 정보를 얻는 데 특화된 SNS입니다. 그래서 링크드인에서는 첫 프로필을 작성할 때 나의 직무 경험, 프로젝트를 작성하기 위한 단계별 가이드를 줍니다. 이 가이드에 따라 나의 경험을 간단히 작성하는 것만으로도 프로필 페이지를 만들 수 있습니다. 업무 경험 외에 취미, 자격증, 커뮤니티 활동 등도 작성해두면 내가 어떤 사람인지 더 풍부하게 드러낼 수 있습니다. 활동란에 직접 포스트를 작성

---

* https://kr.linkedin.com

하거나 '추천' 같은 반응을 한 게시물을 통해 자신의 관심사를 드러
낼 수도 있습니다.

링크드인 활동 영역

자격증/수료증란과 보유기술란에는 수강한 온라인 강의 목록과
자격증을 기재하여 회사 업무 외에도 개인 시간을 투자해 계속해서
성장하고 있다는 것을 부각시킬 수 있습니다. 특히 링크드인에서
운영하는 온라인 코스의 경우 수강 후 졸업 퀴즈를 완료하면 자동으
로 내 링크드인 프로필에 나타나게 할 수 있어 편리합니다.

보유기술란에는 내가 가진 능력 중 가장 강조하고 싶은 키워드
몇 개를 등록할 수 있습니다. 좀 더 세부적으로는 어떤 프로젝트에
서 이 역량을 사용했는지, 나와 연결된 지인 중 누가 이것을 지지하
는지 보이도록 설정할 수도 있습니다.

링크드인 자격증/수료증 영역

링크드인 보유기술 영역

단체란에는 회사와 현재 참여하고 있는 활동을 기록할 수 있습니다. 슬의 경우 메이커 페어에 참가자와 스태프로 참여한 경험, 해커톤에 참여자, 우승자, 멘토로 참여한 경험까지 기록함으로써 이 분야에 계속 관심을 갖고 경험의 폭을 넓혀나가고 있다는 것을 보여주었고, 이 부분이 실제로 이직할 때 도움이 되었습니다. 이런 점들이 쌓이면 다른 개발자와 차별화된 나만의 강점을 자연스럽게 부각할 수 있습니다.

링크드인 단체 영역

깃허브

깃허브[*]는 기술적인 부분에 대해 내가 얼마나 고민하고 있고 무엇을 개발했는지 보여줄 때 가장 효과적으로 활용할 수 있는 곳입니다. 깃허브에서는 개발 과정을 기록하는 빈도에 따라 초록색 큐브가 채워지는데, 이것을 흔히 '잔디 심기'라고 합니다.

---

[*]   https://github.com

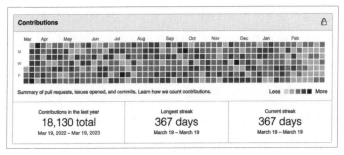

깃허브 잔디

    꾸준히 무언가를 개발 및 기여한다는 것을 보여줄 수 있어 많은 개발자가 자신이 작성한 코드를 깃허브에서 관리합니다. 기술적 성장이 코드로 명확하게 드러나기 때문에 개발자의 기술적 역량을 확인하는 데 중요한 정보가 됩니다. 이 때문에 기업에서는 개발자를 채용할 때 깃허브 활동 내역을 이력서만큼 중요하게 살펴보는 경우도 많습니다.

    하지만 잔디를 많이 채우는 것이 목표가 되어선 안 됩니다. 잔디를 채우는 것은 내가 관심 있는 기술을 학습할 때, 소프트웨어를 개발하는 과정이 흔적으로 드러날 때 더 큰 의미가 있습니다. 잔디 채우기 자체가 목표가 되어 간단한 문서나 일기만 남긴다면 깃허브를 성장 도구로 이용할 수 없습니다. 중요한 점은 잔디를 꾸준히 채우는 활동이 어떠한 기술적 호기심과 성장으로 연결되어야 한다는 것입니다.

성장의 방향성을 잘 드러내기 위해 깃허브를 하나의 포트폴리오라고 생각하고 본인이 중점적으로 드러내고 싶은 부분을 정리해두는 것도 좋습니다. 깃허브에는 자신의 프로필을 관리할 수 있는 기능이 있는데, 이곳에서 자신을 간단히 소개할 수도 있고 내가 작업한 프로젝트 중 더 돋보이게 하고 싶은 것을 상단에 배치하여 개발자로서의 성장 과정과 앞으로의 성장 가능성을 보여줄 수도 있습니다.

준의 깃허브 프로필[*]

* https://github.com/imakerjun

준은 프로그래밍을 교육하는 일을 하고 있기 때문에 그 점을 강조해서 프로필을 만들었고, 시간 순서가 아니라 역량 중심으로 작성함으로써 무엇을 가장 잘하는지 드러냈습니다. 결국 준이 채운 잔디와 깃허브에 나타난 활동들이 어떤 역량으로 연결되는지 확인할 수 있게 만들었습니다.

블로그

많은 개발자가 블로그를 통해 본인의 경험을 기록합니다. 이 기록과 성장 과정은 채용, 강연, 책 집필 등의 기회로 이어지기도 합니다. 깃허브에서는 코드를 통해 기술적인 내용을 중점적으로 보여준다면, 블로그는 개발 학습 과정과 개발자에게 필요한 역량을 어떻게 발전시키고 있는지 보다 광범위하게 보여줍니다.

그래서 많은 개발자가 본인이 일하면서 얻은 통찰, 학습하면서 얻은 깨달음, 회고들을 꾸준히 블로그에 올리고 있습니다. 특히 velog(https://velog.io) 같은 블로그 플랫폼은 개발자가 되기 위한 학생과 현직자가 애용하는 개발 블로그 플랫폼입니다. 개발과 관련된 몇 가지 키워드만 검색해보면 본인의 학습 과정에서 글을 얼마나 훌륭한 도구로 사용하고 있는지 볼 수 있습니다.

준은 노션Notion을 활용하여 개발과 교육에 대한 인사이트를 글로 남기는 블로그를 운영하고 있습니다. 노션에서는 문서를 작성하고 업데이트하기가 편합니다. 자주 쓰기 편하다는 것은 블로그를 운영할 때 매우 중요한 부분입니다. 보통 개발자들이 기술적으로 욕심을 내느라 블로그를 직접 만들어서 운영해야겠다고 생각하는 경우가 있는데, 블로그 만드느라 지쳐서 글을 쓰지 못한다면 주객전도가 되어버립니다. 그래서 일단 글 자체를 언제든 손쉽게 쓸 수 있도록 본인이 자주 작성하고 자주 업데이트할 수 있는 플랫폼 환경에서 시작해보는 것이 좋습니다. 그리고 결코 처음부터 멋진 결과물을 작성하려고 하지 마세요. 그러면 글을 쓰기까지 부담이 커지고 글을 작성하는 것 자체가 큰 스트레스로 다가올 수 있습니다. 나의 성상 과정 기록을 목적으로 시작하세요.

예를 들어 페어 프로그래밍 관련 글을 쓰고 싶다면 페어 프로그래밍에서 중요한 요소 세 가지와 그 이유에 대해 작성하는 것보다 내가 시도한 페어 프로그래밍과 그 경험에서 느낀 점들을 적는 것입니다. 페어 프로그래밍을 한 번만 할 것이 아니므로 이번에 우선 적고, 다음번에도 적으면서 나의 통찰이나 생각이 어떻게 발전되어 가는지 히스토리를 남긴다고 생각하고 작성합니다. 그러면 훨씬 더 재미있고 의미 있게 블로그를 활용할 수 있습니다.

준의 노션 블로그[*]

프로필

이직할 때뿐만 아니라 언제든지 이력서나 포트폴리오를 드러낼
수 있도록 자신의 프로필 페이지를 만들어두는 것도 좋습니다. 나
만의 프로필 페이지가 있으면 꾸준히 업데이트하기 위해 경험을 주
기적으로 정리하게 됩니다.

[*] https://blog.makerjun.com

준과 슬 모두 프로필 페이지를 운영 중인데 이 페이지는 월말마다 업데이트됩니다. 이는 다른 사람에게 보여주기 위해서라기보다 스스로 매달 경험한 것들을 회고하면서 그 경험이 가진 가치를 뽑아내 앞으로 만들고 싶은 경험에 대한 계획을 세우는 데 활용됩니다. 그래서 자연스럽게 향후 어떤 방향으로 성장해나갈지 보여주는 하나의 회고 도구가 됩니다.

준의 프로필[*]

슬의 프로필 페이지[**]

준과 슬 모두 관심을 가지던 회사는 늘 있었지만, 결정적인 기회는 먼저 다가온 경우가 많았습니다. 이런 기회는 단순히 운이 좋아서 생겼다기보다 평소 나에 대해 많이 드러냈기 때문에 가능했습니다. 보통 제대로 준비를 마친 후에 나를 드러내야 한다고 생각하지만, 멋진 결과보다 성장 과정을 드러내는 것이 훨씬 쉽고 더 값집니다. 이 과정에서 예상치 못한 도움을 얻기도 하고 기회가 자연스럽게 찾아오기도 합니다. 그러므로 지금부터 성장 과정을 기록해보세요. 만약 어떤 것부터 먼저 기록할지 고민된다면 일단 내가 현재 가장 많은 에너지를 쏟고 있는 것부터 시작하면 됩니다. 에너지를 많이 쏟는다는 것은 그 부분에 대해 많이 생각하며 행동하고 있다는 의미이므로 기록으로 남길 내용 또한 많습니다. 이러한 과정을 기록함으로써 자연스럽게 의미 있는 회고가 이루어집니다. 또 이 기록은 다른 사람들이 따라 할 수 없는 나만의 개성과 스토리가 되어 새로운 기회를 만들어줄 것입니다.

다음 무대가 다가오게 하는 방법 - 발표 편

미션

😎 지인에게 나의 발표 아이디어 공유하기

😎 발표 아이디어를 기반으로 미니 프레젠테이션 개요 작성하기

😎 네다섯 명 규모의 사람들과 테크 토크 일정 잡기

😎 쌕(SSAC) 커뮤니티에서 소규모 테크 토크 진행하기

오프라인에서 할 수 있는 시도

무대가 나에게 다가오도록 하기 위해 오프라인에서 해볼 수 있는 시도를 살펴보겠습니다. 오프라인에서는 사람들과 직접 만나 대화할 수 있기 때문에 온라인보다 훨씬 밀도 높은 관계를 형성할 수 있습니다. 이때 내 경험을 많은 사람에게 효율적으로 전달하는 방법은 점진적으로 발표하는 것입니다.

물론 오프라인에서 발표하려면 큰 용기가 필요합니다. 하지만 발표는 기술적인 성장뿐 아니라 새로운 기회를 얻는 데에도 의미가 있습니다. 먼저 발표 내용을 다른 사람이 이해할 수 있도록 준비할

때 코드를 다시 살펴보게 되므로 자연스럽게 코드를 리팩터링할 수 있습니다. 또 배경지식이나 관련 경험이 없는 사람들에게 내용을 효과적으로 전달하기 위해 커뮤니케이션 방법을 고민하게 됩니다. 질문에 대비하면서 이전에는 보지 못했던 시각으로 결과물을 관찰하고 새로운 통찰을 얻을 수도 있습니다.

이런 과정 덕분에 실제로 발표를 마치면 일에 대한 이해도와 숙련도가 높아지고, 비슷한 성격의 프로젝트를 같이 해보지 않겠냐는 제안도 받습니다. 발표 내용과 관련된 분야의 관계자들과 만날 기회도 많아지므로 특정 분야로 커리어를 만들고 싶을 때 그 분야의 프로젝트를 발표하면 네트워킹을 비롯해 다음 무대가 나에게 다가오도록 하는 데 큰 도움이 됩니다.

여섯 단계로 확장해나가는 발표 규모

많은 청중을 대상으로 하는 발표는 부담스럽고 어려울 수 있습니다. 다음 여섯 단계를 통해 점진적으로 청중 수를 늘려 심리적인 부담감을 줄여보세요.

STEP 1 내적 친밀감을 느끼는 소수에게 아이디어 공유하기

맨 처음 소규모 인원을 대상으로 아이디어를 공유할 때는 심리적 안전감을 느낄 수 있는 사람들로 청중을 구성하는 것이 중요합니다. 혹시 실수해도 나를 응원해줄 것이라는 믿음이 있어야 내가 가진 아이디어나 생각을 편하게 쏟아낼 수 있습니다. 발표라는 형식 자체가 어색하다면 커피를 마시면서 '이런 아이디어는 어떨까?'와 같이 가볍게 물어보며 이야기를 꺼내는 것도 좋습니다.

STEP 2 소그룹 내에서 발표하기

앞의 단계를 거쳐 발표 주제가 좁혀졌다면 발표 자료를 어떻게 구성할지 생각해야 합니다. 이 단계에서도 심리적 안전감을 느낄 수 있는 가까운 사람들의 피드백을 받고 핵심 메시지를 전달하기 위한 최소한의 발표 자료와 순서로만 구성하는 것이 좋습니다.

STEP 3 팀 대상으로 테크 토크 온/오프라인 발표하기

다음에는 팀원들을 대상으로 발표해봅니다. 대면으로 발표할 준비가 되지 않았다면 온라인으로 진행하는 것도 좋습니다. 온라인으로 진행할 때조차 많이 긴장된다면 셀프 캠을 끄고 진행하기 바랍니다. 셀프 캠으로 나의 모습이 실시간으로 보이면 발표에 집중하기 어려울 수 있기 때문입니다. 발표 전에 친한 팀원에게 Q&A 시간에 질문을 한두 개 정도 해달라고 부탁하는 것도 좋습니다. 그러면 그 질문을 시작으로 다른 사람들도 더 쉽게 질문하고 대화하는 분위기를 조성할 수 있습니다. 간혹 자신이 사용한 기술을 자랑하고 싶어 어려운 내용을 넣는 경우가 있는데, 이때는 모의 발표를 통해 내가 뽐내고 싶은 부분과 실제로 관객들이 궁금해하고 필요로 하는 부분이 일치하는지 확인하고 관객들이 궁금해하는 부분을 효과적으로 뽑아보는 것이 좋습니다.

STEP 4 외부 토크 패널리스트로 참가하기

이 단계는 대규모 청중 앞에서 혼자 발표할 때 나에게만 이목이 집중되는 것이 부담스러운 경우에 도움 됩니다. 외부 발표나 테크 토크에 패널로 참가하면 이목도 분산되고 혼자 시간을 채워야 한다는 부담도 덜합니다. 이러한 단계를 차근차근 밟아가며 자신감을 쌓아가면 부담은 줄이면서도 발표 경험을 넓힐 수 있습니다.

STEP 5 사내 테크 토크에서 발표하기

사내 테크 토크에서 발표할 때는 정보의 공개 범주를 신경 쓰지 않아도 되고, 함께 일한 사람과 같이 발표하는 경험도 해볼 수 있습니다. 회사 업무 프로세스를 어느 정도 이해하고 있는 청중이 대상이므로 메시지를 전달하는 과정에서도 부가적인 맥락에 대한 설명을 최소한으로 하고, 전달할 메시지 자체에 집중할 수 있습니다. 그리고 발표 이후에도 다른 구성원들에게 피드백을 받기가 좋습니다.

STEP 6 외부 대규모 관객을 대상으로 발표하기

앞선 단계를 거쳤다면 외부의 대규모 관객을 대상으로 콘퍼런스나 강연에서도 발표해보세요. 이런 발표를 준비할 때는 리허설로 본인의 모습을 녹화하여 확인하거나 모의 발표 후 친구에게 피드백을 받는 것을 추천합니다. 모의 발표 시에는 실제 발표할 때처럼 일어서서 관객과 눈을 마주치며 이야기하는 연습도 같이 하는 편이 좋습니다. 또 미리 발표 장소에 방문해서 익숙해지는 것도 좋습니다.

긴장감을 줄이기 위한 준비 사항

보통 발표 시에는 초조함, 시선 처리 같은 심리적인 부분 때문에 긴장하게 됩니다. 충분한 연습을 통해 발표에 익숙해지기 바랍니다.

시선 처리

발표할 때 시선 처리는 생각보다 중요합니다. 발표 자료만 보면서 읽으면 청중은 지루하다고 느끼고, 한 사람만 빤히 쳐다보면 그 사람이 부담스러워합니다. 특히 발표 내용을 생각하면서 발표 자세까지 챙기려고 하면 되려 고장 난 로봇처럼 보이기도 합니다. 청중과 눈을 직접 마주치면 긴장될 수도 있는데, 이럴 때는 청중의 인중에 시선을 두고 발표해보기 바랍니다. 사람들은 상대방이 자신의 눈을 볼 때와 인중을 볼 때의 차이를 거의 못 느낀다고 합니다. 그리고 전체 청중을 3등분하여 각 구역의 청중 중 한 명에게 시선을 두었다가 다른 쪽으로 이동하며 시선을 균형 있게 분배하는 것을 추천합니다. 어느 정도 주기로 시선을 이동해야 할지 막연하다면 슬라이드를 넘길 때 등 나만의 타이밍을 정해두는 것도 좋습니다.

긴장감 관리

발표 전에는 괜찮았는데 막상 발표 자리에 가면 평소와 다른 환경 때문에 식은땀이 나고 심장이 빨리 뛰는 경우가 많습니다. 이때는 몸을 긴장 상태에 미리 익숙해지게 하여 실제 상황에서 덜 긴장하도록 할 수도 있습니다. 예를 들면 팔 벌려 뛰기와 같은 운동으로 심박수를 높인 후 숨이 조금 모자라는 상태일 때 발표 연습을 해봅니다. 그러면 심장이 빨리 뛰는 상태에서 이야기하는 데 익숙해질 수 있습니다. 그리고 발표 직전에 껌을 씹으면 턱의 반복 운동으로 긴장감이 조금 완화됩니다.

대규모 발표의 성공 여부는 발표하는 환경에 얼마나 빨리 익숙해질 수 있으며 비슷한 환경에서 자신감을 얻기 위해 얼마나 연습했는지에 따라 달라집니다.

첫 단계부터 큰 목표를 달성하려고 하면 부담스러운 마음에 오히려 시작조차 못하거나 위축되기 마련입니다. 그러므로 목표를 한 번에 이루겠다고 생각하지 말고 작은 단위로 나누어 점진적으로 정복해야 합니다. 달성 가능한 작은 목표로 나누어 접근하면 성취감이 생겨 다음 단계에 더 많은 에너지를 쏟을 수 있습니다. 또 실패하더라도 타격감이 적으므로 툭툭 털고 다시 일어나기 쉽습니다. 따라서 발표를 잘하기 위해 당장 여러분이 시도해야 할 것은 주변 사람에게 공유하고 싶은 주제가 무엇인지 이야기하는 것입니다. 점진적인 도전으로 여러분의 무대를 넓혀보세요.

다음 무대가 다가오게 하는 방법
- 밋업 편

미션

😆 참가하고 싶은 개발자 밋업 두 개 이상 찾기

😆 밋업 발표자와 발표 이후에 대화해보기

😆 밋업에서 회사 채용 담당자와 대화해보기

개발자 밋업에 참가해야 하는 이유

개발자 밋업meetup에서 나를 알리고 네트워킹하는 경험은 특별한 기회로 연결될 가능성이 큽니다. 밋업은 오프라인이나 온라인에서 서로의 경험, 지식, 아이디어를 공유하는 모임입니다. 개발자 생태계에서는 온라인, 오프라인 구분 없이 네트워킹을 위한 행사가 많이 열립니다. 이런 밋업에서는 관심 분야나 목표 회사에 대한 실질적인 정보를 얻을 수 있습니다.

어떤 프로그래밍 언어를 배우는 것이 좋은지 혹은 스타트업과 대기업 중 어떤 곳이 나에게 잘 맞을지와 같은 고민을 하고 있다면 밋업에 참가해보세요. 또한 밋업에서는 특정 기술 분야에서 이미 성과를 내고 있는 전문가나 문제 해결에 성공한 개발자들을 만날 수도 있습니다. 이들의 경험과 지식을 통해 해당 분야의 최신 트렌드와 문제 해결 방법에 대한 힌트를 얻을 수 있습니다. 결론적으로 개발자 밋업은 단순한 정보 교류를 넘어, 다양한 경로와 선택지를 탐색하며 실질적인 통찰력을 비롯해 다른 사람들과 연결되는 기회를 얻을 수 있는 행사입니다.

밋업을 찾는 방법

개발자 밋업에 관한 정보는 Meetup, Festa.io, 이벤터스와 같은 플랫폼 외에도 카카오톡 오픈 채팅방, 페이스북 개발자 그룹, 회사의 SNS 계정 등을 통해 얻을 수 있습니다. 나와 같은 분야의 개발자들이 모여 있는 카카오톡 오픈 채팅방이나 페이스북 개발자 그룹에 들어가면 지식 교류뿐 아니라 관련 스터디나 밋업 정보를 빠르게 알 수 있기 때문에 평소에도 참여하는 것을 추천합니다. IT 행사 위주로 안내해주는 'IT 행사 알리미'라는 오픈 채팅방도 있으니 참고하세요.

밋업을 선택하는 기준

많은 개발자 밋업 중 어떤 밋업에 참가해야 의미 있는 네트워킹을 할 수 있을까요? 유명한 인물이나 대기업이 참가하는 밋업에는 많은 사람이 몰리지만, 그렇다고 해서 반드시 나에게 유익하다는 보장은 없습니다. '나와 비슷한 고민을 하고 있는 개발자들이 참가하는 밋업'인지가 중요합니다. 이것은 네트워킹을 위한 가장 기본적인 기준이기도 합니다.

밋업에 참가하면 에너지가 많이 소모됩니다. 그런데 단순히 발표자가 유명해서 또는 대기업이 발표해서 여러 밋업에 무작정 참가하다 보면 끝난 후 남는 게 없습니다. 물론 처음에는 어떤 밋업에 참가해야 나에게 도움이 되는지 모르므로 다양한 밋업에 나가보는 것도 좋습니다. 그러나 이왕이면 나와 비슷한 고민을 가진 개발자가 있는지 찾아보면서 어떤 밋업이 나에게 유용한 경험이 될 수 있을지 자신만의 기준을 만드는 것이 좋습니다.

준은 참가할 밋업을 고를 때 대화를 나눌 기회가 많은지도 고려합니다. 밋업의 타임 테이블은 일반적으로 발표 주제 세션과 짧은 Q&A 시간으로 구성됩니다. 이 경우 발표자와 참가자 간에는 물론, 참가자들끼리도 대화를 하지 않는 경우가 많습니다. 하지만 기획부터 신경 쓴 밋업은 아이스브레이킹부터 발표자와 참가자 그리고 참가자와 참가자끼리 대화할 수 있는 시간과 장치를 적절하게 배치합니다. 그러면 다른 사람들과 함께 관심사와 고민을 나눌 기회가 많아집니다. 이처럼 나에게 의미 있는 경험을 만들어주는 참여 기준을 만든 후 그에 맞는 밋업에 참가하는 것을 추천합니다.

연결되는 경험

나와 비슷한 것을 고민하고 있는 사람들이 모이는 밋업에 참가하면 참가자, 발표자, 회사 담당자와 '연결'되는 경험을 할 수 있습니다. 나른 참가자와는 편하게 소통하고 대화하는데, 해당 밋업을 위해 가장 많은 준비를 한 발표자와 회사 담당자에게는 의외로 쉽게 말을 걸지 못합니다. 발표자나 회사와도 연결되는 경험을 만들어보세요.

발표자와 연결되기

보통 무대에 섰던 발표자에게는 말을 걸기 어려워합니다. 하지만 발표 주제라는 공통 대화 소재가 있기 때문에 편하게 이야기를 시작할 수 있습니다. 어떻게 말을 붙일지 막연하다면 발표를 잘 들었다는 인사를 건네는 것으로 대화를 시작해보세요. 이런 인사는 발표자에게도 큰 격려가 됩니다. 여러 상황으로 대화하지 못했다면 이메일이나 다른 SNS를 통해 연락할 수도 있습니다. 만약 내가 발표자와 비슷한 고민과 시도를 하고 있다면 발표자가 본인의 경험을 토대로 피드백을 주거나 도움이 되는 다른 방법을 알려줄 수도 있습니다. 때로는 발표자가 참여하고 있는 스터디나 커뮤니티에 초대하는 경우도 있습니다.

나와 비슷한 고민을 한 적이 있고 그 문제를 해결한 경험이 있는 개발자는 고민 해결에 가장 도움이 되는 조언과 피드백을 줄 수 있는 사람입니다. 그러므로 꼭 연결되는 경험을 만들어보기 바랍니다.

회사와 연결되기

개발자 콘퍼런스에서는 다양한 회사들이 좋은 개발자에게 어필하기 위해 부스를 운영하며 소통합니다. 이 창구를 통해 회사 홈페이지에 나와 있지 않은 조직 문화에 대해 궁금한 점을 물어볼 수도 있고, 나의 이력과 경력을 가지고 지원할 때 도움이 될만한 팁을 얻을 수도 있습니다. 그래서 열정적인 개발자는 본인의 이력을 A4 용지 한 장 정도로 정리한 후 그 내용에 대해 피드백을 받기도 합니다. 기업 담당자는 자신의 회사에 진심으로 관심을 보이는 개발자에게 어떻게든 도움을 주기 위해 공유할 수 있는 범위 내에서 최대한 자세히 정보를 제공합니다. 그래서 관심 있는 회사가 참가하는 콘퍼런스나 밋업이라면 반드시 참여하여 관계자와 대화를 나눠보는 것이 좋습니다.

최근에는 개발자 채용을 위해 회사 차원에서 직접 네트워킹 데이나 밋업을 개최하는 경우가 많아졌습니다. 회사의 개발 문화를 공유하는 동시에 개발자가 더 멋지게 성장하는 데 좋은 환경이라는 것을 알리려는 것입니다. 오프라인으로 진행할 경우 자연스럽게 회사 담당자나 다른 개발자들과 대화를 나눌 수 있습니다. 온라인이라면 회사 담당자나 참여자 중 내가 관심 있는 분야와 관련된 사람에게 커피챗을 요청해보기 바랍니다. 실제로 커피챗 요청을 귀찮아 하기보다 회사에 관심을 가지는 사람을 환영하는 경우가 훨씬 많으니, 관심 있는 분야의 인물이 있다면 밋업 이후 꼭 커피챗을 요청해보세요.

참가자와 연결되기

사내 밋업의 경우 이미 참가자와 같은 소속이므로 참가자들끼리 관계를 형성하는 데 큰 도움이 됩니다. 사내 개발자에게는 명확한 목표를 가지고 단기간에 접근하는 방법보다 좀 더 긴 호흡을 가지고 접근하는 것이 덜 부담되며 더 정확한 판단을 내리는 데에도 도움이 됩니다.

슬의 회사는 규모가 큰 만큼 사내에서도 다양한 밋업을 진행합니다. 슬은 사내 밋업을 통해 관심 있는 일을 하는 피플팀의 팀원에게 먼저 커피챗을 요청했습니다. 상대방은 흔쾌히 수락했고 커피챗을 통해 팀이 하는 일과 내가 하고 싶은 일이 일치하는지 먼저 확인해볼 수 있었습니다. 다음 단계로 피플팀에서 만들고 있는 프로덕트를 슬의 팀에서 사용해본 후 정기적으로 1:1 피드백을 주고받는 시간을 만들었습니다. 그 과정에서 자연스럽게 피플팀과 업무를 공유 했으며 그 팀에서 필요로 하는 일이 무엇인지 알 수 있었습니다.

원하는 인재상은 회사 또는 팀에 따라 미묘하게 다릅니다. 그래서 먼저 관계를 형성하고 정기적으로 소통하며 내가 하는 일을 공유하다 보면 팀과 나의 커리어 방향이 일치하는지 구체적인 부분을 함께 가늠해볼 수 있습니다.

나에게 정보와 기회를 줄 수 있는 사람은 생각보다 많습니다. 도움을 줄 수 있는 사람들과 연결되는 경험을 만들어보세요. 혼자서 온라인으로 모든 정보를 얻으려고 하지 말고, 사람들과 직접 만나며 자신을 드러내고 밋업을 활용하며 기회를 얻는 방법을 추천합니다. 밋업에서는 참가자들 외에 발표자나 참가한 회사의 담당자와도 네트워킹할 수 있습니다. 밋업에 참여하는 데 반드시 외향적인 성격과 화려한 말솜씨가 필요하진 않습니다. 그저 나의 고민과 상대방의 이야기에 대해 진정성 있게 대화를 나눠보고 싶다는 의향만 보이면 됩니다. 그러면 더 깊이 있는 대화를 나눌 수 있으며 이를 멋진 기회로 연결할 수 있을 것입니다.

나의 커리어를
브랜딩하는 방법

미션
- 😊 훌륭한 엔지니어의 다섯 가지 핵심 역량과 관련된 나의 경험 되돌아보기
- 😊 더 강화하고 싶은 나의 강점 한 가지 정하기
- 😊 나의 강점 한 가지를 브랜딩할 수 있는 문장으로 나타내기

훌륭한 개발자가 되기 위한 커리어 방향성

개발자로 일하다 보면 자연스럽게 앞으로의 커리어를 어떻게 만들어나가야 할지 고민하게 됩니다. 때로는 내가 뒤처지고 있는 것은 아닌지 걱정이 되기도 합니다. 이처럼 커리어 고민이 생겼을 때 시도하면 좋은 방법은 나를 브랜딩하는 것입니다. 여기서 말하는 브랜딩은 나만의 고유한 스킬과 강점 그리고 목표를 효과적으로 표현해 내 정체성을 구축하는 것을 의미합니다. 이렇게 명확한 정체성을 가지고 있으면 내 핵심 장점을 알 수 있기 때문에 경력을 설계할 때 그 점을 부각시킬 수 있습니다.

훌륭한 엔지니어의 핵심 역량 다섯 가지

다음은 「What Makes a Great Software Engineer」라는 논문에 나오는 탁월한 엔지니어의 다섯 가지 주요 역량입니다.

1) **좋은 코드를 만든다** Be a competent coder
2) **작업의 현재 가치를 극대화한다** Maximize current value of your work
3) **데이터에 기반하여 의사 결정한다** Practice informed decision-making
4) **동료의 효과적인 의사 결정을 돕는다** Enable others to make decisions efficiently
5) **꾸준히 학습한다** Continuously learn

물론 이 다섯 가지 역량이 모두 중요하지만 전부 갖출 수는 없습니다. 이 역량 중 나에게 장점인 부분도 있고 부족한 부분도 있을 텐데, 나의 강점이 더욱 드러나도록 커리어를 브랜딩해보세요.

#1 좋은 코드를 만든다

좋은 코드를 정의하는 것은 나를 브랜딩할 때 시작하기 좋은 접근 방법입니다. 좋은 코드를 작성하는 것은 개발자에게 가장 필요한 기술입니다. 좋은 코드는 단순히 기능적인 것을 넘어 효율적이고 유지 보수가 용이하며 다른 개발자들이 쉽게 이해할 수 있어야 합니다. 하지만 좋은 코드를 구성하는 요소는 상황에 따라 다를 수 있습니다. 예를 들어 소규모 프로젝트에 적합한 코드와 크고 복잡한 프로젝트에 적합한 코드는 다릅니다. 다음과 같은 경험을 되돌아보면 좋은 코드를 더 구체적으로 정의할 수 있을 것입니다.

- 나의 경험 중 탁월했던 부분과 어려움을 겪었던 부분
- 내가 기술적으로 마주쳤던 어려움과 그것을 극복한 경험
- 내가 가장 자랑스러워하는 코드와 그 이유

이렇게 경험을 떠올려보고 좋은 코드를 정의하는 것은 좋은 프로그래머가 되기 위한 첫 번째 단계일 뿐입니다. 좋은 코드가 자신에게 어떤 의미인지 명확하게 이해했다면 더 나은 코드를 생성하기 위해 코딩 기술을 지속적으로 향상해야 합니다. 그리고 이 과정은 자연스럽게 나를 위한 브랜딩이자 다음 커리어가 됩니다. 좋은 코드가 나에게 어떤 의미인지 정의하고 내가 지향하는 코드를 작성하기 위해 기술력을 높이며 좋은 코드를 만들 수 있는 환경을 찾다 보면 나의 강점은 더욱 분명해질 겁니다.

#2 작업의 현재 가치를 극대화한다

작업의 현재 가치를 극대화한다는 것은 지금 진행 중인 작업이 팀, 회사 그리고 사용자에게 최대한의 영향과 가치를 제공한다는 의미입니다. 단순히 작업을 완료하거나 할 일 목록에서 항목을 선

택하는 것이 아니라 수행 중인 작업이 팀의 더 큰 목표나 비전과 일치하는지 확인하는 것입니다.

예를 들어 스타트업에서 운동 루틴을 기록하는 앱을 개발하고 있다고 가정해봅시다. 개발자로서 코드를 작성하고 버그를 수정하는 데 집중하면 내 할 일을 다하는 것이지만, 작업의 현재 가치를 극대화하려면 코드 그 이상을 생각해야 합니다. 앱의 목표를 이해하기 위해 제품 관리자와 대화해보거나 마케팅팀과 협력하여 잠재 사용자에게 앱을 잘 알릴 수 있는 방법을 알아낼 수도 있습니다.

궁극적으로 작업의 현재 가치를 극대화하려면 능동적이고 전략적인 자세로 작업에 임해야 합니다. 또한 현재 하고 있는 작업 그 이상을 생각하며 작업이 팀의 목표와 비전에 기여하는 바에 초점을 맞춰야 합니다. 그러면 업무의 가치뿐만 아니라 회사의 성공에 기여하는 사람으로서 자신의 가치도 높일 수 있습니다. 즉, 작업의 현재 가치를 극대화하는 것은 단순한 업무 완료를 넘어 자신과 주변 사람들에게 긍정적인 변화와 가치를 가져다주는 핵심 역량이라고 할 수 있습니다.

#3 데이터에 기반하여 의사 결정한다

데이터 기반 의사 결정이란 객관적이고 측정 가능한 정보를 활용하여 의사 결정을 내리는 과정입니다. 소프트웨어 개발 시 의사 결정을 하기 위해서는 코드, 사용자 행동, 프로젝트 목표와 관련된 데이터를 수집하고 분석하는 과정이 필요합니다.

예를 들어 모바일 앱을 개발 중이고 새 기능의 추가 여부를 결정하려고 한다고 가정해봅시다. 이때 개인적인 직감에 의존하지 않고 데이터를 기반으로 결정하는 겁니다. 여기에는 사용자 피드백, 분석 데이터, 사용자가 앱과 상호작용하는 방식, 추가되었으면 하는 기능을 파악하기 위한 설문 조사가 포함될 수 있습니다. 대규모 서비스일 경우 버튼 하나의 위치를 변경하기 위해 현재 해당 버튼의 클릭률이 얼마인지, 버튼 위치를 변경하여 테스트했을 때 클릭률이 얼마나 올라가는지 등과 같은 데이터를 기반으로 진행 여부를 설정합니다.

다음과 같은 상황에서도 데이터에 기반해 의사 결정하는 것이 도움 됩니다. 웹앱에서 회원 가입 프로세스에 새로운 단계를 추가하고 있고 이 단계를 선택 사항으로 만들지 필수 사항으로 만들지 논의하고 있습니다. 제품팀 내에서는 이에 대한 의견이 갈렸고 명확하게 합의되지 않았습니다. 그래서 데이터에 기반하여 결정하기 위해 일부 사용자들에게 A/B 테스트를 실행하기로 했습니다. 일부 사용자에게는 새로운 단계가 선택 사항으로 표시되고 다른 사용자에게는 필수 항목으로 표시되도록 무작위로 할당한 다음, 두 그룹에 대해 완료율이나 가입 프로세스에 소요된 시간 등의 사용자 행동을 추적했습니다. 데이터를 분석한 결과 새로운 단계를 사용한 사용자의 완료율이 더 높았고 전체 가입까지 소요되는 시간은 오히려 더 적게 들어서 필수 항목으로 추가하기로 했습니다. 결국 데이터 기반 의사 결정을 통해 더 많은 정보에 입각하여 선택했고 궁극적으로 고객에게 더 나은 사용자 경험을 제공할 수 있었습니다. 이처럼 데이터를 기반으로 의사 결정을 하면 나와 팀 그리고 회사가 더 나은 결정을 하는 데 기여할 수 있습니다.

#4 동료의 효과적인 의사 결정을 돕는다

개발자는 다른 개발자, 디자이너, 제품 관리자 등 누군가와 협력하면서 일합니다. 그래서 다른 사람들이 효과적인 의사 결정을 할 수 있도록 도와주는 역량이 필요합니다. 이는 코드 리뷰를 통해 팀원의 코드 품질을 높이는 것부터 시작해서 복잡한 문제에 대한 해결책을 제시하거나 프로젝트의 기술적 결함을 미리 파악하여 공유하는 것까지 다양한 방법으로 나타날 수 있습니다.

동료의 의사 결정을 돕는 과정을 통해 우리 모두가 더 나은 결과를 얻을 수 있다는 분위기가 형성되고 팀워크도 좋아집니다. 동료의 의사 결정을 돕는 역량은 팀 내 신뢰와 존중을 쌓는 데에도 큰 역할을 하며 이를 통해 팀이 더욱 높은 성과를 달성할 수 있습니다. 동료의 의사 결정을 더욱 효과적으로 돕는 방법에 대해서는 4장에서 다루었습니다.

#5 꾸준히 학습한다

IT 기술 분야는 굉장히 빠르게 변합니다. 따라서 뛰어난 엔지니어에게는 현재 상황에 만족하지 않고 새로운 기술 트렌드에 민첩하게 대응하기 위해 꾸준히 학습하는 역량이 필수입니다. 예를 들어 챗GPT가 보편화되면 생성 AI 기술에 대한 깊은 이해와 활용 능력이 곧 개발자의 경쟁력을 결정짓게 됩니다. 만약 내가 웹 프런트엔드 개발자라고 하더라도 데이터 과학, AI 분야가 내가 일하는 산업에 큰 영향을 미치고 있다면 해당 기술을 학습하는 것이 중요합니다.

커리어 브랜딩으로 극대화하는 내 강점

커리어를 브랜딩하면 개발자로 성장하는 과정에서 나만의 정체성을 만들 수 있습니다. 이때 앞서 이야기한 훌륭한 엔지니어의 다섯 가지 핵심 역량과 같은 연구 결과를 활용해 구조적으로 접근해보는 것을 추천합니다. 다섯 가지 역량을 모두 갖추기는 어려우므로 자신의 강점을 중심으로 브랜드를 구축함으로써 고유의 정체성을 만드는 것이 중요합니다.

예를 들어 효율적이고 유지 보수가 가능한 코드를 작성하는 능력이 탁월하다면 자신을 코드 품질 전문가로 브랜딩할 수 있습니다. 기술 블로그 작성, 콘퍼런스 발표를 통해 기술력을 공유하고 관련 프로젝트에 참여하며 고품질 코드를 생산하는 개발자로서 강력한 브랜드를 만드는 것입니다.

만약 다른 사람들이 효과적으로 결정을 내리도록 돕는 데 능숙하다면 자신을 팀 플레이어이자 효과적인 의사소통자로 브랜딩할 수 있습니다. 멘토 역할을 맡거나 팀 토론을 이끌거나 회의를 조직하여 보다 효율적으로 의사 결정을 내리는 것을 돕는 데 집중하는 겁니다. 그러다 보면 팀원의 성장에 크게 기여하는 팀원으로 브랜딩할 수 있고 나중에는 동료들이 먼저 나를 찾을 것입니다.

나만의 커리어를 브랜딩하는 것은 단순히 업무 경력만 쌓는 것이 아닙니다. 내가 누구인지 진정으로 보여줄 수 있는 의미 있는 경험을 만드는 것입니다. 훌륭한 엔지니어의 다섯 가지 핵심 역량은 나만의 고유한 강점, 재능, 목표를 드러내고 나의 가치를 보여주기 위한 가이드일 뿐 절대적인 목표는 아닙니다. 새로운 기술을 지속적으로 배우고 개발하는 것도 중요하지만 자신이 하는 일에 자부심을 갖고 여정을 즐길 수 있어야 합니다. 그 과정을 즐기면서 나의 강점을 극대화하는 커리어로 연결해나갈 때 더 크게 성장할 수 있습니다. 이제 내가 누구인지 세상에 보여주세요!

개발자에게 성장은 단순히 다음 무대를 찾는 것 그 이상의 의미가 있습니다. 이는 자기 성찰과 브랜딩, 커뮤니티 활동을 통해 내가 더 빛날 수 있는 무대, 내가 원하던 무대가 자연스럽게 나를 찾아오게 하는 과정입니다. 이 과정을 통해 내가 본질적으로 원하는 것이 무엇인지 발견하고 더 탄탄한 경력을 만들 수 있습니다.

만약 이직 욕구가 꿈틀거린다면 단순히 다른 환경을 찾는 것보다 근본적인 문제부터 파악하는 것이 중요합니다. 단순히 다른 환경에 끌리는 것인지 아니면 실제로 현재 직장에서 얻을 수 없는 무언가가 있는지 알아야 합니다. 동료와의 갈등이 문제라면 다른 환경에서도 같은 문제가 나타날 수 있으므로 현재 상황에서 먼저 해결하려는 노력이 필요합니다. 또 기술적인 한계가 느껴진다면 사이드 프로젝트를 통해 그 한계를 넘어보는 것도 방법입니다.

이직을 본격적으로 준비한다면 내가 다음 무대를 찾지 않아도 무대가 나를 찾아오게 하는 다양한 방법을 활용해보는 것이 좋은데, 그중 가장 효과적인 첫 번째 방법이 기록입니다. 자신의 경험과 지식을 블로그나 프로필 페이지를 통해 공유하여 이를 본 사람들이 나에게 먼저 다가오도록 하는 기회를 만들 수 있습니다.

두 번째 방법은 공유입니다. 발표나 토론을 통해 경험을 공유하는 것은 자신의 전문성을 널리 알리는 데 매우 유용합니다. 소규모 팀 미팅부터 대규모 콘퍼런스까지, 발표 대상을 점차 확장해나가는 것이 좋습니다.

세 번째는 네트워킹입니다. 개발자 밋업에서 다른 전문가들과의 관계를 형성하는 것은 또 다른 무대를 찾거나 여러 무대 중에서 어떤 것이 당신에게 가장 적합한지 알 수 있는 좋은 기회입니다.

마지막으로 개인 브랜드를 구축하는 것이 중요합니다. 이는 단순히 유명해

지기 위한 것이 아니라, 나의 능력과 목표 그리고 그에 따른 가치를 명확히 전

달하기 위함입니다. 이렇게 하면 내가 원하는 무대와 기회가 나를 더 쉽게 찾

아올 것입니다.

（＾＿＾）

＊＊

6장

나 오늘도
잘하고 있어

개발자의 성장은 마라톤과 같습니다. 이 장
에서는 장애물에 부딪혔을 때 어떻게 일어
나는지, 어떻게 지속 가능한 성장을 이룰 수
있는지 이야기합니다. 또 성장을 위해 지속
할 수 있는 습관 형성 방법도 알아봅니다.

6장 미션을 공유해요

성장 속도보다 중요한 방향성

미션
- 😆 욕구 리스트에서 나의 가치 세 가지 찾기
- 😆 세 가지 가치와 관련된 나의 경험 적어보기
- 😆 내가 추구하는 가치를 만들 수 있는 액션 세 가지 적어보기

성장통을 겪고 있다면

바쁘게 움직이고 열심히 노력하는 것 같지만 성장이 멈춘 것처럼 느껴질 때가 있습니다. 그렇다면 일단 축하합니다. 엄청난 성장통을 겪고 있는 것입니다. 불안감과 막연함이 느껴진다면 그것은 내가 지금 원하는 것을 하고 있는지, 불안한 점은 없는지 내가 나 자신에게 피드백을 보내고 있는 것입니다. 이럴 때일수록 우리가 고민해야 하는 것은 속도가 아닌 방향입니다. 아무리 빠르게 나아가도 원하는 방향이 아니라면 돌아가게 되고 결국 원하는 바를 이루기까지

더 오래 걸립니다. 그러므로 내가 흔들리는 것 같다고 느껴지면 앞으로 어떤 방향으로 나아가고 싶은지 내 욕구를 먼저 파악하고 그 욕구가 지금 하고 있는 일과 학습에서 충족되고 있는지 살펴볼 필요가 있습니다.

방향을 찾기 위해 관찰할 것

내가 원하는 방향을 찾는 방법은 다양합니다. 멘토에게 도움을 받을 수도 있고 친구나 동료와 함께 고민할 수도 있습니다. 하지만 가장 효과적인 방법은 자신에게 강력한 욕구가 무엇인지 스스로 질문해보는 것입니다.

다음은 한국비폭력대화교육원에서 제공하는 욕구와 관련된 키워드입니다.

자율성	자신의 꿈, 목표, 가치를 선택할 수 있는 자유와 이를 이루기 위한 방법을 선택할 자유
신체적 생존	공기, 음식, 물, 주거, 휴식, 안전, 따뜻함, 신체적 접촉, 성적 표현, 부드러움, 편안함, 돌봄을 받음, 보호받음, 애착 형성, 의존(생존과 안전), 자유로운 움직임(이동), 운동
사회적/정서적 상호의존	주는 것, 봉사, 친밀한 관계, 유대, 소통, 연결, 배려, 존중, 상호성, 공감, 이해, 수용, 지지, 협력, 도움, 감사, 인정, 승인, 사랑, 애정, 관심, 호감, 우정, 가까움, 나눔, 소속감, 공동체, 안도, 위안, 신뢰, 확신, 정서적 안전, 자기 보호, 일관성, 안정성, 정직, 진실, 예측 가능성
놀이/재미	쾌락, 흥분, 즐거움, 재미, 유머

삶의 의미	기여, 능력, 도전, 명료함, 발견, 회복, 깨달음, 자극, 효능감, 인생 예찬(축하, 애도), 기념, 중요성, 참여, 희망, 주관을 가짐(자신만의 견해나 사상)
진실성	진실, 성실성, 존재감, 일치, 개성, 자기 존중, 비전, 꿈
아름다움/평화	아름다움, 평탄함, 홀가분함, 여유, 평등, 조화, 질서, 평화, 영적 교감, 영성
자기 구현	성취, 배움, 생산, 성장, 창조성, 치유, 숙달, 전문성, 목표, 가르침, 자각, 자기 표현

욕구 리스트*

이 중 내가 중요하게 생각하는 가치 세 가지를 선택해보세요. 준과 슬도 스스로 어떤 욕구를 갖고 있는지 파악하기 위해 여러 차례에 걸쳐 키워드를 뽑았습니다. 그리고 이 키워드들이 현재 내가 하는 일과 내 삶의 전반에서 충족되고 있는지 꾸준히 회고하며 체크했습니다. 부족한 부분은 충족하기 위해 다른 것을 시도할 수 있는지 고민해보고 작은 것들부터 점진적으로 시도했습니다.

	1차로 뽑은 키워드	1차로 뽑은 키워드 중 세 가지
준	존재감, 자기표현, 자유, 건강, 나다움, 성장, 즐거움, 꿈과 목표, 효능감, 진정성, 따뜻함, 경험, 영감	건강, 꿈과 목표, 나다움
슬	존재감, 도전, 자기표현, 건강, 개성, 성장, 지지, 공유, 경험, 영감, 독립	도전, 성장, 공유

준과 슬의 핵심 욕구 키워드

---

* https://www.krnvcedu.com:5011/about/about04.aspx

준의 키워드 세 가지

준은 '건강', '꿈과 목표', '나다움'이라는 세 가지 키워드를 가장 중요하게 생각합니다. 나를 움직이는 꿈과 목표를 향해 걸어가는 과정에서 가장 중요한 것이 건강과 나다움이라고 생각하기 때문입니다.

#1 건강

준이 가장 중요하게 생각하는 키워드는 건강입니다. 여기서 말하는 건강은 근육질의 탄탄한 몸이 아니라 자신의 에너지를 스스로 관리하는 것을 의미합니다. 건강한 상태여야 더 나다운 모습으로 모든 것을 해나갈 수 있습니다.

준은 건강을 유지하기 위해 일상에서 '자세', '빛', '음식' 세 가지를 습관적으로 관리하도록 생활 패턴을 설계했습니다. 예를 들어 매순간 자세를 의식한 채 바른 자세로 생활할 수는 없습니다. 그러므로 자세를 바르게 할 수밖에 없는 환경을 구성했습니다. 준의 경우 의자에 앉는 것보다 모션 데스크를 이용해 서서 작업합니다. 일어나서 컴퓨터를 사용하면 자연스럽게 다양한 자세를 취하면서 몸이 경직되지 않을 뿐 아니라 허리가 펴진 상태를 유지하므로 균형 잡힌 자세를 취하는 데 도움이 됩니다. 또 햇빛을 많이 쐬기 위해 재택근무하는 날에는 점심을 먹은 후 가까운 마트로 장을 보러 갑니다. 자연스럽게 산책하기 위한 루틴을 만든 것입니다. 음식도 과사나 술 대신 건강에 좋은 먹거리로만 냉장고를 채웁니다. 이처럼 주변 환경을 개선해두면 크게 신경 쓰지 않아도 에너지와 건강을 관리할 수 있습니다.

#2 꿈과 목표

두 번째로 중요하게 생각하는 것은 꿈과 목표입니다. 여기서 말하는 꿈과 목표는 방향성을 잡기 위한 것이지, 먼 미래의 거창한 무언가를 의미하는 것은 아닙니다. 중요한 것은 내가 되고 싶은 나의 모습을 다른 사람이 아닌 나 스스로 그릴 수 있어야 한다는 점입니다. 준은 꿈과 목표를 설정할 때 다음과 같은 질문에서 도움을 받았습니다.

- 목표를 이루었지만 만족스럽지 않았던 적이 있는가
- 목표를 다 이루지 않았음에도 만족스러웠던 적이 있는가

목표 설정 시 타인의 시선을 과하게 신경 쓰는 경우도 많습니다. 가장 쉬운 예가 바로 '돈'과 관련된 것입니다. 많은 사람이 돈을 목표로 설정하는데, 사실 돈을 버는 것 자체는 진짜 목표가 될 수 없습니다. 진짜 돈을 벌고 싶은 이유는 번 돈으로 내가 원하는 무언가를 하고 싶기 때문입니다. 그러므로 내가 진짜 이루고 싶은 모습을 떠올리기 위해 자신의 꿈과 목표가 무엇인지부터 파악해야 합니다.

꿈과 목표를 너무 먼 미래의 일이라고 생각하지 말고, 가까운 시일 내에 내가 할 수 있는 일이라고 생각해보세요. 예를 들어 준의 꿈은 '개발 교육자로 살아가면서 다른 사람들이 모두 성장할 수 있는 환경을 만드는 것'이었는데 이는 너무 방대합니다. 그래서 주변 학생 중 한 명이라도 준과의 대화를 통해 용기를 얻고 학생이 다음 도전을 해나가는 동안 계속해서 피드백을 주는 것을 목표로 삼았고, 이후 준의 행동 방식은 달라졌습니다. 학생이 이전에는 해보지 못한 행동을 할 수 있도록 용기를 주기 위해 고민했고 실제로 함께 성장하는 경험 또한 만들었습니다. 준은 이 경험을 반복하며 큰 보람을 느끼고 교육자로서 더욱 성장하고 있습니다.

#3 나다움

내가 정말 원하는 꿈과 목표를 알고 경험을 쌓다 보면 자연스럽게 나다운 모습이 만들어집니다. 나다운 게 무엇인지 알아야 내가 가장 잘 성장하는 환경을 알 수 있습니다. 식물에 따라 잘 자라는 토양과 기후가 다른 것처럼 사람 또한 나다운 모습을 알아야 가장 빛날 수 있는 무대가 어디인지 알 수 있습니다. 하지만 나다움은 한순간에 만들어지는 것이 아니며 지속적으로 나에게 관심을 갖고 내가 어떤 경험을 할 때 의미를 느끼는지 파악해야 알 수 있습니다. 그래서 현재 환경이 만족스럽지 않다면 회고를 통해 나다운 모습을 만들기 위해 시도할 만한 것은 무엇인지, 기존의 경험을 연결했을 때 어떤 통찰을 얻을 수 있는지 고민해보는 것을 추천합니다.

준은 '함께, 밝게, 나답게 성장하는 환경을 만드는 메이커준'이라는 문구로 나다운 모습을 만들기 위해 노력합니다. 최근에는 동료 교육자와 함께, 밝게, 나답게 성장하는 환경을 만들기 위해 시도하고 있습니다. 그래서 팀원들과 소프트웨어 교육을 더 잘할 수 있는 교육법에 대해 함께 연구하는 시간을 갖고 있습니다. 교육자에게 중요한 소프트 스킬을 키우고, 교육을 잘 설계하고, 교육에 실패해도 다시 일어나는 방법을 논의하며 만족스러운 교육 경험을 만드는 데 필요한 용기를 나누고 있습니다. 이 과정에서 '나다움'에 대해 스스로 생각하고 만들어나갈 때 나만의 고유성이 싹이 되어 점차 나답게 자랄 수 있다는 깨달음을 얻었습니다.

슬의 키워드 세 가지

슬이 가장 중요하게 생각하는 세 가지 키워드는 '도전', '공유', '성장'입니다. 슬은 IT 분야에서 변화의 바람이 불 때마다 커리어의 방향을 고민했습니다. 이때 내렸던 결정들의 핵심을 찾아보니 도전, 공유, 성장이라는 키워드가 나왔고 걸어온 길을 되돌아보니 슬 특유의 커리어 패스가 만들어져 있었습니다. 슬은 아무도 가지 않은 방향도 새로운 길이 될 수 있다고 생각합니다. 또 호기심 있는 분야에 도전하는 모험, 다른 이들과 여정을 공유하며 같이 성장하는 삶을 지향합니다.

#1 도전

슬은 호기심이 많기 때문에 새로운 것을 보고 배우며 삶을 더 풍부하게 하는 경험을 중요하게 생각합니다. 하지만 겁도 많아서 시작하기 전에 많이 고민하며 망설이기도 합니다. '내가 할 수 있을까?', '그저 단순 호기심은 아닐까?'라는 생각이 들기도 하는데, 호기심이 생기는 것 자체가 이미 재능이 있다는 증거라고 생각하며 용기를 얻습니다. 예를 들어 FIFA 여자 월드컵의 최연소 우승자가 되고 싶다는 목표에는 호기심도 생기지 않습니다. 왜냐하면 '최연소'나 '축구'는 자신의 강점이 아니라는 것을 이미 알고 있기 때문입니다. 그래서 호기심은 있지만 망설여질 때는 내가 가진 재능으로 해볼 만한 도전이 무엇인지 떠올려봅니다.

도전이라는 키워드 덕분에 지인이 한 명도 없는 나라로 훌쩍 떠나 이력이 없는 상태에서 새로운 분야로 커리어를 전환할 수 있었습니다. 이런 경험이 삶을 더 풍부하게 하고 자신감도 만들어줍니다. 물론 실패할 수도 있습니다. 그러나 시도조차 하지 않으면 '한번 해볼 걸'하며 후회하겠지만, 시도라도 했다면 적어도 경험은 쌓을 수 있습니다.

#2 공유

슬은 경험을 공유함으로써 다른 사람에게도 큰 가치를 줄 수 있다고 생각합니다. 지식은 한 사람의 것으로 머물 때보다 더 많은 사람과 나눌 때 더 강력해진다고 생각하기 때문입니다.

간혹 스스로에게 엄격한 잣대를 들이밀어 공유하기에 하찮은 내용이라고 생각하는 경우가 있습니다. 하지만 완벽하게 준비되고 완성된 제품을 발표하는 것만이 공유가 아닙니다. 공유는 현재 본인이 경험 중인 과정을 다른 사람에게 공유하면서 함께 배워나가는 데 그 가치가 있습니다. 공유받는 사람뿐 아니라 공유하는 사람도 그 과정을 통해 많은 것을 배울 수 있습니다. 특히 공유하는 과정에서 서로의 생각이 섞여 아이디어가 더 탄탄해지기도 합니다. 슬의 경우 해커톤 멘토링, 사내외 1:1 멘토링, 발표, 커뮤니티 등의 공유 활동을 하고 있으며 이 과정은 슬의 커리어에 매우 유용한 도움이 되었습니다.

#3 균형 잡힌 성장

슬이 회사에서 가장 지쳤을 때가 언제였는지 생각해보면 일이 어렵거나 바쁠 때가 아니라 '팀이 안정적이고 팀에 빌런이 있는 것도 아닌데 왜 이렇게 불만족스러울까?'라는 생각이 들 때였습니다. 당시 도전할 만한 일이 없었고 도전을 바탕으로 성장하고 공유할 기회 또한 없었습니다. 반대로 일하면서 가장 뿌듯했을 때는 매우 바빴지만 프로젝트 기획부터 실행까지 전체를 맡아서 진행했을 때였습니다. 처음부터 끝까지 리드하는 것이 벅차기도 했지만, 도전적인 과제를 통해 어제의 나보다 더 나은 오늘의 나를 발견할 수 있었기 때문에 뿌듯함을 느꼈습니다.

성장에서 중요한 부분은 균형입니다. 특정 분야의 성장에 너무 몰입하다 보면 건강이나 다른 사람과의 관계 등 다른 것을 놓치는 경우가 많습니다. 만족스러운 삶을 위해서는 신체적, 정신적 건강과 인간관계 그리고 일에서의 균형을 맞추며 성장하는 것이 중요합니다. 그래서 슬은 매일 짧게라도 오늘은 어떤 새로운 것을 배웠고 각각의 영역에서 성장하기 위해 어떤 부분에 힘썼는지를 기록합니다.

이와 같이 가장 뿌듯했던 일과 가장 힘들었던 일을 떠올려보고, 앞에서 선택한 욕구 키워드와 연결되는 경험이 있는지를 살펴보면 지금 내가 무엇 때문에 힘든지 알아내는 데 도움이 됩니다.

어떤 개발자가 되고 싶은가보다 더 중요하게 생각해야 하는 것은 어떤 개발자로 살아가고 싶은가입니다. 결과가 아닌 과정을 떠올리세요. 개발자로서 연차가 쌓이는 과정이 내가 원하는 방향성과 맞다면 지치거나 넘어져도 다시 일어날 수 있습니다. 자신이 원하는 방향으로 나아가고 있기 때문이죠. 따라서 내가 되고 싶은 모습이 아니라, 내가 하고 싶은 경험을 떠올려보고 그 경험을 만들어나가는 것을 추천합니다. 이때 나의 욕구를 들여다보면 하고 싶은 경험을 쉽게 떠올릴 수 있습니다. 내가 원하는 삶을 살기 위해 나로부터 출발하는 것입니다. 그러면 나만의 고유한 시선이 싹트고 가장 나다운 길로 나아가면서 성장한 내 모습을 발견할 수 있을 것입니다.

넘어져도 다시 일어서는 회복력

미션

- 😊 나의 아군 리스트업하기
- 😊 나만의 스트레스 관리법 한 가지 이상 공유하기
- 😊 평소의 나라면 하지 않을 다른 사람의 스트레스 관리법 한 가지 이상 시도하기

다시 일어서는 방법을 알아야 하는 이유

넘어졌을 때 잘 일어나는 방법을 아는 것은 매우 중요합니다. 넘어지지 않는 것은 불가능에 가깝습니다. 성장하는 여정에서 때로는 마음만큼 빠르게 성장하지 않을 수도 있고 그 과정에서 번아웃이 오거나 회의감이 들 수도 있습니다. 또 때로는 앞으로 나아가고 싶은데 상황이나 환경적인 장벽이 계속 생기면서 자신감을 잃고 정체할수도 있습니다. 하지만 새싹이 햇빛을 받기도 하고 비바람에 흔들리기도 하면서 나무로 성장하듯이 우리도 장애물과 어려움을 지혜롭게 이겨내는 방법을 알고 있다면 다시 일어설 수 있습니다. 한 번

도 넘어진 적 없는 사람은 언젠가 넘어졌을 때 오히려 일어나기 어렵습니다. 그래서 우리는 평소에 잘 넘어지고, 또 잘 일어나는 나만의 방법을 만들어두어야 합니다.

휴식하기

다시 일어서기 위한 가장 근본적인 해결책이지만 제대로 하기 어려운 것이 휴식입니다. 휴식하다가 뒤처지지 않을까 걱정되어 더 이상 뛸 에너지가 남아 있지 않은데도 본인을 계속 채찍질하는 경우가 있습니다. 특히 마음이 급하면 제대로 쉬지도 못하고 뛰지도 못하는 상황이 발생합니다. 이때 고갈된 에너지를 재충전하려면 제대로 된 휴식이 필요합니다.

휴식할 때는 오직 휴식만 취해야 합니다. 몸은 쉬고 있지만 머리로는 해야 할 일에 대해 생각하면서 스트레스를 받는다면 진정한 휴식이 아닙니다. 재충전을 위해서는 온전한 휴식을 취해야 하는데 그러려면 무엇이, 어떤 활동이 내게 진정한 쉼이 되는지부터 파악해야 합니다.

휴식할 때 내가 할 수 있는 활동을 적어보는 것부터 시작해봅시다. 다음에는 휴식 전의 에너지 레벨과 휴식 후 충전된 에너지 레벨을 적습니다. 이때 적은 활동은 내가 좋아하는 활동일 수는 있지만, 오히려 나의 에너지를 더 고갈시킬 수도 있습니다. 그래서 각각의 활동을 하기 전후 에너지 레벨을 확인하여 어떤 활동이 내 에너지를 채우는 데 가장 효과적인지 확인하는 과정이 필요합니다.

활동	활동 전 에너지(1~10)	활동 후 에너지(1~10)
PT 운동하기	3	2
일기 쓰기	3	6
산책하기	3	5
영화 보기	3	2

시작 에너지가 낮을 때

활동	활동 전 에너지(1~10)	활동 후 에너지(1~10)
PT 운동하기	5	8
일기 쓰기	5	6
산책하기	5	7
영화 보기	5	5

시작 에너지가 보통일 때

이와 같이 작성해보면 에너지가 있을 때는 PT 운동이 에너지를 끌어올리는 데 도움이 되지만, 고갈된 상태에서는 오히려 역효과를 가져온다는 것을 알 수 있습니다. 또 일기 쓰기의 경우 오히려 에너지가 낮은 상태에서 에너지를 많이 채운다는 사실을 알 수 있습니다.

국가 대표 운동선수들이 가장 견디기 힘들어하는 시간은 훈련 시간이 아닌 휴식 시간이라고 합니다. 그만큼 제대로 휴식을 하는 것은 생각보다 쉽지 않습니다. 제대로 된 휴식도 성장 과정의 일부라는 것을 아는 것이 중요합니다. 무계획으로 아무것도 하지 않고 있다면 그것은 시간을 버리는 것이지 휴식을 취하고 있는 것이 아닙니다. 휴식 시간을 미리 주도적으로 빼놓는 것도 더 큰 성장을 위해 필수적인 일이라고 할 수 있습니다.

평소의 성장 속도보다 많이 느려졌고 쉽게 지치는 것 같다면 의지력 문제라고 생각하고 몰아붙이기 전에 일단 휴식 시간을 가지면서 현재 상태를 파악해보세요. 그렇게 한숨 돌린 후 다시 우뚝 일어서는 겁니다.

아군 만들기

나의 상황을 객관적으로 살펴보고 응원과 지지를 보내주는 아군은 내가 넘어졌을 때 일어날 수 있는 힘이 됩니다. 아군은 마음이 잘 통하는 회사 동료일 수도 있고 같이 운동하는 친구일 수도 있습니다. 내가 넘어졌을 때 아군과 함께 그 일에 대해 이야기하는 것 자체가 일어나는 방법이 될 수 있습니다. 스트레스를 받을 때는 시야가 좁아지므로 나의 스트레스 레벨을 객관적으로 관찰해줄 수 있는 아군과 대화를 나누는 것이 좋습니다. 가깝게 지내는 사람이라면 내가 스트레스를 많이 받고 있는지, 평소보다 효율이 안 좋은지 판단해줄 수 있습니다.

큰 스트레스가 되기 전에 해결하기

스트레스를 잘 관리하는 방법 중 하나는 스트레스 많이 받은 상태에서 푸는 것이 아니라 작은 스트레스일 때 빠르게 푸는 것입니다. 일상에서 스트레스를 관리할 수 있는 다양한 방법들을 찾아둔 후 몸에서 신호가 왔을 때 바로 적용하는 것이 좋습니다. 사실 스트레스를 키우는 원인 중 하나가 자신이 스트레스를 받고 있다는 사실을 인지하지 못하기 때문입니다. 평소에 자신을 관찰하며 스트레스를 받았을 때 어떤 반응을 취할지 선택해보세요.

준은 요가, 산책, 스트레칭, 차 마시기와 같은 방법으로 스트레스를 관리합니다. 특히 개발이 막히거나 업무가 잘 진행되지 않아서 스트레스가 쌓이면 가장 먼저 몸이 긴장합니다. 몸이 긴장하면 근육이 수축하고 경직되면서 아이디어를 떠올려야 하는 순간에 창의적인 생각을 할 수 없게 됩니다. 그래서 이때 5분이라도 산책을 다녀오거나 스트레칭, 요가, 차 마시기와 같이 좋아하는 활동을 바로 시작합니다.

물론 스트레스를 받는 상황에 놓이자마자 이렇게 의식적으로 대처하기는 어렵습니다. 이때 도움이 되는 방법이 포모도로 기법 pomodoro technique 입니다. 포모도로는 25분간 일하고 5분간 쉬는 것을 반복하는 것입니다. 스트레스를 많이 받는 문제를 해결하고 있거나 스트레스를 받는 시간이 지속되는 것 같으면 포모도로 기법을 활용하여 25분마다 나를 의식적으로 관찰한 후 5분 동안 취할 내 행동을 선택해보세요. 스트레스에 끌려가지 말고 나를 관찰하고 내 반응을 선택하여 관리하는 것입니다.

큰 스트레스라면 전문가의 도움받기

번아웃 증상 중 하나는 모든 것에 관심이 없어지는 것입니다. 먹는 것, 일하는 것, 운동하는 것 모두 눈에 들어오지 않으며 힘들다는 생각만 듭니다. 이 경우 이미 크게 넘어진 상태이고 스스로 혹은 친구의 도움만으로는 일어서기 어려울 수 있습니다. 이럴 때는 전문 상담가를 만나거나 병원에 가서 치료받는 것을 쑥스러워하지 말고 빨리 전문가의 도움을 받아야 합니다. 전문가는 현재 내 상태가 상담으로 개선될 수 있는 상태인지, 약 처방을 통해 몸을 완화해야 하는 상황인지 정확히 판단하여 도움을 줄 수 있습니다. 최근에는 비대면으로 상담을 진행하는 경우도 많으므로 움직이는 것조차 싫을 정도로 무기력할 때는 전화를 이용해서 상담받는 것을 추천합니다.

넘어졌다는 것은 내가 무언가 시도하며 나아가려고 했다는 증거입니다. 성장 과정에서 넘어지는 것은 피할 수 없습니다. 자주 넘어지고 빠르게 일어나면 다른 이들보다 더 많은 시도와 성장을 경험할 수 있습니다. 많이 넘어져 지칠 때는 지금 나에게 휴식이 필요하다는 것을 인지하고 나만의 스트레스 관리법으로 다시 일어서세요. 만약 너무 크게 넘어져 일어나기 힘들다면 전문가의 도움을 받아서 이겨내는 것이 좋습니다. 가장 좋지 않은 상황은 넘어진 상태에서 스트레스를 계속 이어가는 것입니다.

꾸준한 성장을 위해 필요한 작은 성공

미션

😖 실패할 수 없는 가장 작은 단위의 목표 세 가지 이상 적어보기

😖 목표를 우선순위에 따라 정렬하기

😖 성공한 작은 경험을 바탕으로 이루고 싶은 다음 성공 경험 적어보기

마라톤 같은 성장 과정

개발자가 되려고 마음먹었을 때와 실제 학습할 때 겪는 감정은 아주 다릅니다. 때로는 학습해야 하는 기술과 정보의 양에 압도당하기도 합니다. 특히 소프트웨어 분야는 끊임없이 발전하므로 최신 트렌드와 모범 사례를 따라잡는 것이 쉽지 않습니다. 여기서 우리가 기억해야 할 점은 훌륭한 개발자가 되는 과정은 단거리 경주가 아니라 마라톤이라는 것입니다. 마라톤을 할 때 최종 목표에만 집중하면 지치기 쉽습니다. 최종 목표보다는 장기간에 걸쳐 이어지는 성장

과정에 집중하고 이 과정에서 작은 성공들을 만들어나가는 것이 중요합니다.

작은 성공을 만드는 방법

새 프로젝트를 시작하거나 새로운 개발 지식을 배울 때 압도감을 느낄 수 있습니다. 고려해야 할 세부 사항이 너무 많아 어디서부터 시작해야 할지 막막할 수도 있습니다. 그러나 한꺼번에 모든 것을 다룰 필요는 없다는 점을 꼭 기억하기 바랍니다. 처음부터 위대한 일을 해내려고 애쓰면 쉽게 넘어집니다. 큰 성공을 만들어내려면 작은 성공에 먼저 집중해야 합니다. 작은 성공의 기쁨을 자주 맛보면 다음 과정 또한 내가 해낼 수 있을 것이라는 자신감과 용기가 생깁니다. 그리고 이 작은 성공들을 연결해보는 회고 과정을 통해 어느새 나답게 자라나고 있는 자신의 모습을 발견할 수 있습니다.

작은 성공을 만들기 위해서는 문제를 작은 단위로 나누고 그렇게 나눈 문제 중에서 우선순위를 정해야 합니다. 그리고 가장 중요한 문제부터 도전하고 해결합니다. 작은 도전이 작은 성공이나 실패로 귀결되는 것을 경험하고, 이 도전이 내게 어떤 배움을 안겨주었는지 되돌아보면서 다음 성공으로 확장시킬 수 있습니다.

문제를 작은 단위로 나누기

문제를 작은 단위로 나눌 때는 해당 문제를 해결하는 데 필요한 과정을 적어보는 것부터 시작할 수 있습니다. 예를 들어 '알고리즘 코딩 테스트 합격'이라는 목표가 있다고 해봅시다. 그러면 이 목표를 달성하기 위해 '코딩 테스트를 잘 보기 위한 과정'을 나누는 겁니다. 코딩 테스트를 잘 보기 위해서는 여러 가지 능력이 필요합니다. 알고리즘을 푸는 능력, 내가 푼 문제를 설명하는 능력, 코딩 테스트 플랫폼 및 환경에 익숙해지는 능력 등과 같이 필요한 능력을 나눠서 하나하나에 접근할 수 있습니다. 만약 실제로 경험해보지 않아서 작은 단위로 나누는 것이 어렵다면 다른 사람의 경험담을 참고하거나 나보다 경험이 많은 사람에게 물어보며 함께 작은 단위로 나눠보는 것이 좋습니다.

우선순위를 정하고 작은 도전 실행하기

문제를 작은 단위로 나눴다면 이제 우선순위를 정해야 합니다. 만약 알고리즘을 푸는 것보다 푼 문제를 설명하는 것이 더 어렵다면 이것부터 공략하는 겁니다. 설명을 잘하기 위해서는 정말 쉬운 문제부터 설명하는 연습을 해보는 것이 좋습니다. 쉬운 알고리즘 문제 하나를 설명하는 것도 어렵다면 작은 덧셈 함수와 같이 더 단순하고 작은 기능을 설명해봅니다. 내가 당장 실행할 수 있는 가장 작은 것부터 도전하면 됩니다.

작은 도전을 달성한 후 회고하기

쉬운 알고리즘 문제를 설명하는 도전에서 작은 성공을 맛보았다면 여기서 배운 점이 있었는지 짧게라도 되돌아봅시다. 쉬운 알고리즘 문제를 설명할 때 어떤 어려움이 있었는지, 어떻게 설명할 때 더 자신감 있게 이야기할 수 있었는지 등을 회고합니다. 예를 들어 내가 해결한 문제를 멋지게 설명하려고 하니 너무 어려웠다고 해봅시다. 이때 어떤 생각과 접근법으로 문제를 풀어나갔는지 종이에 쓰면서 이야기했더니 말하고 싶은 내용을 모두 설명할 수 있었다면, 다음에 어려운 문제를 해결할 때도 이 방법을 사용하는 것입니다. 이처럼 작은 성공을 달성한 후 회고해두면 유사한 문제를 만났을 때 더 빠르게 해결할 수 있습니다.

성공 확장하기

이제는 앞에서 맛본 작은 성공을 계속해서 확장해나가면 됩니다. 다음 성공은 더 어려운 알고리즘 문제를 설명하는 것일 수도 있고 코딩 테스트 환경에 익숙해지는 것일 수도 있으며 아직 내가 풀지 못한 알고리즘에 도전하는 것일 수도 있습니다. 만약 확장하는 과정에서 또 벽에 부딪치는 것 같다면 문제를 작은 단위로 나누어 난도를 낮춥니다. 예를 들어 코딩 테스트 환경에 익숙해지는 데 도전한다고 했을 때 실제 기출 문제로 도전할 수도 있지만, 더 작게 쪼개서 나에게 쉬운 문제를 실제 코딩 테스트 환경에서 풀어보는 것입니다. 이 경우 문제를 푸는 데는 큰 어려움이 없으므로 코딩 테스트 환경 자체에 익숙해지는 데에만 집중하며 작은 성공을 맛볼 수 있습니다. 이후에는 내가 풀었던 어려운 문제들을 풀어봅니다.

훌륭한 개발자가 되는 길은 짧은 스프린트가 아니라 장기적인 마라톤과 같습니다. 훌륭한 개발자가 되기 위해 필요한 기술과 경험을 습득하려면 많은 시간과 노력 그리고 인내가 필요합니다. 이 긴 여정을 잘 헤쳐나가려면 숙련 과정에서 경험하는 작은 성공들에 주목할 필요가 있습니다. 마라톤 선수가 장거리 경주에서 속도를 조절하는 것처럼, 우리도 달성 가능한 목표를 설정하고 복잡한 문제를 소화 가능한 작은 단위로 나눠야 합니다. 그 후 작업의 우선순위를 정하고 학습한 내용을 적용해 앞으로 나아가면 됩니다. 개발자가 중요하게 생각해야 하는 것은 목적지가 아니라 여정임을 기억하세요.

우리의 앞날에는 새로운 도전과 배워야 할 기술이 계속해서 등장할 것입니다. 하지만 마라톤이라는 긴 여정에서 마주친 도전과 습득한 기술은 우리를 더 강하고 자신감 있게 만들어 어떤 일이 닥치더라도 해결할 수 있는 용기를 줄 것입니다.

개발자의 성장은 '얼마나 빠르게 달릴 수 있는가'보다 '내가 원하는 방향으로 달리고 있는가'가 중요합니다. 그래서 맞는 방향으로 가고 있는지 파악하기 위해 인생에서 추구하는 가치가 무엇인지부터 알아야 합니다. 가치 리스트를 보고 나에게 중요한 항목을 선택하면 그것을 나침반 삼아 내가 원하는 방향으로 가고 있는지 파악할 수 있습니다.

하지만 목표를 향해 달리다 보면 장애물을 만날 때도 있고 넘어질 때도 있으며 넘지 못할 것 같은 큰 장벽 때문에 의욕이 떨어질 때도 있습니다. 이럴 때는 넘어지지 않으려고 버티기보다는 잘 일어날 수 있는 나만의 방법을 찾아서 적용하는 것이 중요합니다. 휴식이 필요할 땐 일단 휴식을 취한 후 다시 열심히 뛸 준비를 하는 것이 더 빠르게 달려나갈 수 있는 방법입니다. 일어날 때도 아군에게 도움을 받으면 에너지를 쉽게 재충전할 수 있습니다.

처음부터 모든 것을 잘하려고 하면 현재 상태와 이상적인 목표의 차이가 너무 커서 시작하기도 전에 지칠 수 있습니다. 그러므로 큰 덩어리처럼 보이는 목표를 쉽게 달성할 수 있는 작은 조각들로 나눈 후 작은 성공을 맛보면서 지속적으로 해결해나가는 것이 좋습니다. 또한 작은 조각들을 우선순위에 따라 하나씩 해결하다 보면 자신감을 갖고 다음 행동을 이어갈 수 있습니다.

커리어를 쌓으면서 넘어지지 않는 것은 불가능에 가깝습니다. 장벽에 맞닥뜨렸을 때 잘 일어나는 것이 중요합니다. 힘든 일일수록 다른 사람에게 공유하면서 서로 돕다 보면 가볍게 해결할 수 있습니다. 우리 모두 성장 과정을 서로 공유하고 피드백을 나누며 꿈꾸는 커리어를 향해 나아가봅시다. 파이팅!

요즘 개발자의 성장을 돕는 100가지 미션